シア連邦《れんぽう》
ヤブロノーヴィ山脈《さんみゃく》
小《しょう》興《シン》安《アン》嶺《リン》山《さん》脈《みゃく》
大《だい》興《シン》安《アン》嶺《リン》山《さん》脈《みゃく》
東《トン》北《ペイ》平原
ランバートル
高原
リニ山《さん》脈《みゃく》
陰《イン》山《シャン》山《さん》脈《みゃく》
長《チャン》白《パイ》山《さん》脈《みゃく》
朝鮮民主主義《ちょうせんみんしゅしゅぎ》
人民共和国《じんみんきょうわこく》
日本海
北京《ペキン》
天津《ティエンジン》
黄河《ホワンホー》
平壌《ピョンヤン》
ソウル
日本国
札幌
東京
名古屋
大阪
大韓民国《だいかんみんこく》
釜山《プサン》
福岡
原
華《ホワ》北《ペイ》平原
黄《ホワン》海《ハイ》
山《さん》脈《みゃく》
長江《チャンジャン》
上海《シャンハイ》
東シナ海
南《ナン》嶺《リン》山《さん》脈《みゃく》
台北《タイペイ》
（台湾《たいわん》）
高雄《カオシュン》
広州《グワンジョウ》
香港《ホンコン》
太平洋
南シナ海
0
600km
フィリピン

JN335075

アジアの自然と文化②

小麦からみる東アジア

畑作地帯に生きる知恵

［中国北部・朝鮮半島］

クリスチャン・ダニエルス＝監修　渡部　武＝著

小峰書店

もくじ

1 東アジア北部の自然と小麦

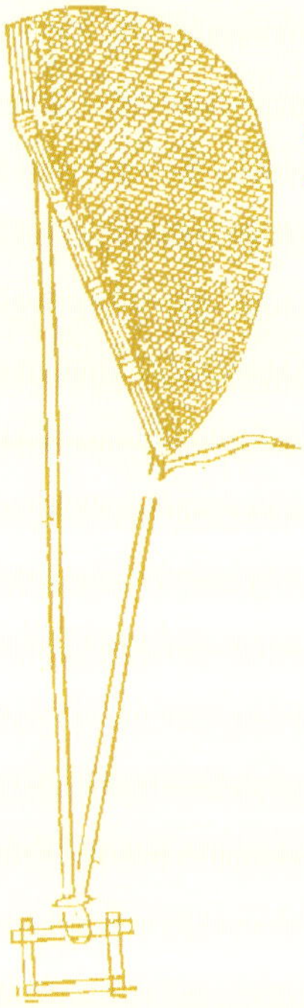

2 小麦などを育てる技術《ぎじゅつ》

3 小麦などをめぐる暮《く》らし

4 祈《いの》りと願い

◉

◉

【コラム】

◉

*—中国語の地名などの読みについては、
なるべく現地《げんち》の読みに近いカタカナで表記しています。
*—著者《ちょしゃ》が撮影《さつえい》したもの以外の写真には、
撮影地《さつえいち》の詳細《しょうさい》が不明なものもあります。
そのばあいは判明《はんめい》しているだけの地名を記しました。
*—中国北部・南部にわたって広くみられるものや、関連のある
ものについては、中国南部の写真も掲載《けいさい》しています。

1 東アジア北部の自然と小麦

乾《かわ》いた土地に生きる

このページの写真を見てください。赤茶けて乾《かわ》ききった大地が広がっています。この巻《かん》で中心に扱《あつか》う中国北部の黄土《ホワントゥー》高原のようすです。

この地域《ちいき》には「十年九旱《じゅうねんきゅうかん》」ということわざが伝えられています。10年のうち9年はかんばつだというのが、その意味です。では、じっさいの自然条件《じょうけん》はどれほど厳《きび》しいのでしょうか？

一年の雨の量は東京の半分～3分の1程度《ていど》で、7～9月に集中し、それ以外の時期にはほとんど降《ふ》りません。冬の寒さはたいへん厳《きび》しく、ところによってはマイナス20度にもなります。ぎゃくに夏には40度を超《こ》える酷暑《こくしょ》もしばしばです。

春には、季節風が広い範囲《はんい》で砂《すな》を舞《ま》い上げます。これが「黄砂《こうさ》」と呼《よ》ばれる現象《げんしょう》で、風向きによっては日本まで達することもあります。

人々はこうした厳《きび》しい環境《かんきょう》のもと、古くから小麦や雑穀《ざっこく》などを畑で育てて暮《く》らしてきました。

この巻《かん》であわせて紹介《しょうかい》する朝鮮《ちょうせん》半島も、北部を中心に、雑穀《ざっこく》などの畑作地帯が広がっています。その多くは冬の寒さが厳《きび》しい地域《ちいき》です。

まずは中国北部を中心とした地域《ちいき》で、人々を支《ささ》えてきた小麦の特徴《とくちょう》をみてみましょう。

[東アジア北部の地形]

[東アジア北部の気候帯]

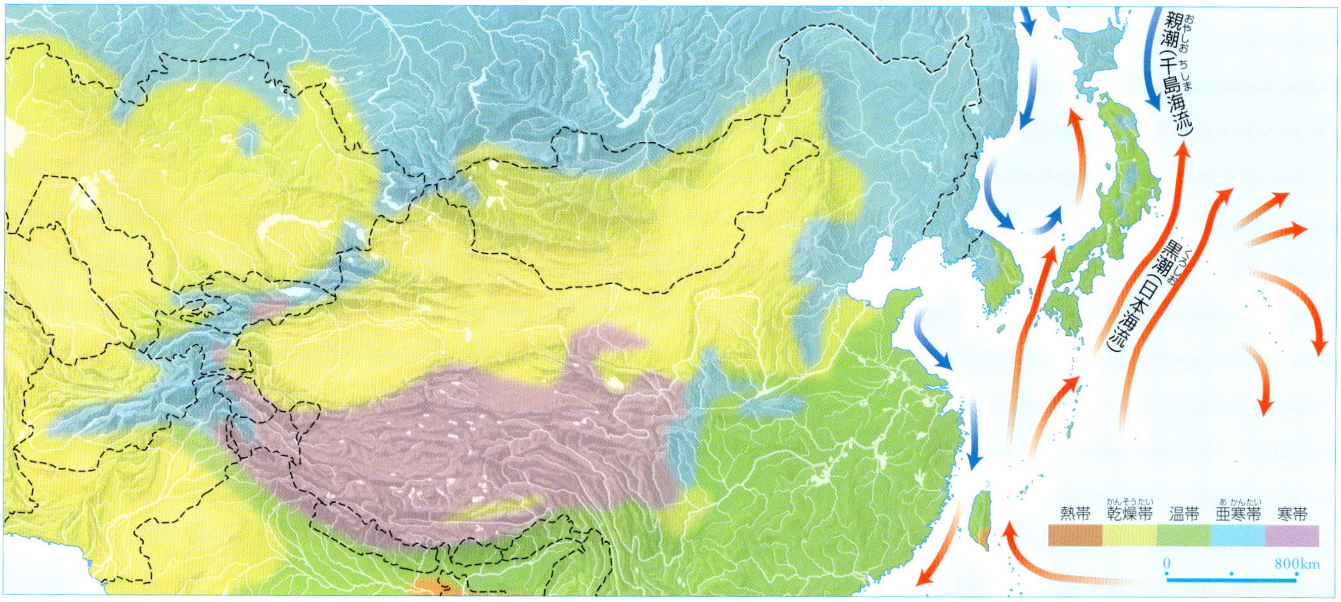

左頁— 黄河《ホワンホー》(中国・陝西省)。世界で7番目に長く、中国では長江《チャンジャン》(1巻4ページを見よう)に次いで2番目の長さを誇《ほこ》る川。黄土高原の乾《かわ》いた大地をえぐるように流れる。その名の通りに水が黄色くにごっているのは、細かな黄土《こうど》が大量に混《ま》じっているからだ。

上・中—中国北部の大部分は、雨が少なく乾燥《かんそう》した乾燥帯《かんそうたい》という気候に属《ぞく》している。朝鮮半島の北部はおもに亜寒帯《あかんたい》という気候に属《ぞく》している。夏が短く、冬の寒さが厳《きび》しいのが特徴《とくちょう》だ。

右— 黄土高原《ホワントゥーこうげん》のようす(中国・山西省の呂梁山地)。黄土高原《ホワントゥーこうげん》は中国北部の、黄河《こうが》の上流域《じょうりゅういき》から中流域《ちゅうりゅういき》にかけて広がる標高800～2000メートルの高原だ。面積はおよそ40万平方キロメートルもあり、日本列島の約1.06倍にあたる。その大部分が、岩石が風化してできた黄土《こうど》に厚《あつ》くおおわれている。

乾燥《かんそう》と寒さをこのむ小麦

小麦はパンやメン類の原料として、世界の人口の半分以上が利用している作物です。その特徴《とくちょう》は、乾燥《かんそう》と寒さをこのむ性質《せいしつ》があることです。

小麦の種が発芽《はつが》するためには、乾燥《かんそう》した土の中にあることが必要です。芽《め》を出すときに、酸素《さんそ》を多く必要とする作物なので、土の中に水気が多いと、空気が不足して発芽《はつが》できないのです。

そして、小麦はもともと、生長する間に寒さを経験《けいけん》しないと、穂《ほ》を出さない性質《せいしつ》をもっています。秋にまかれた種が冬をすごさないと、十分に育つことができないのです。春に種をまく品種もありますが、これは高めの気温でも穂《ほ》を出すように改良されたものなのです。

小麦は地中深く根を張《は》り、水を吸《す》い上げるので、一年間の雨の量が500ミリを上回る地域《ちいき》であれば栽培《さいばい》できます。東京の雨の量は年間約1470ミリですから、その半分以下の雨量で育つことになります。また、みのったころに雨が続くと、穂《ほ》についたまま発芽《はつが》してしまうこともあるので、その時期には降《ふ》らないほうがよいのです。

イネとくらべてみると、こうした特徴《とくちょう》がよりよくわかります(1巻《かん》6ページを見よう)。

上―小麦の苗《なえ》の根のようす。地中深く、
びっしりと根を張《は》るため、乾燥《かんそう》や寒さに強い。
写真は日本の東北地方で栽培《さいばい》されている品種だ。
中―麦踏《むぎふ》みのようす(東京都立川《たちかわ》市)。
冬に麦の芽《め》をあえて踏《ふ》みつける作業だ。
この刺激《しげき》によって麦はさらに寒さに強くなり、
また、分《ぶん》げつ(根元の茎《くき》が枝分《えだわ》かれすること)が進んで
よく育つという効果《こうか》がある。
下―冬の小麦畑のようす(北海道当別町《とうべつちょう》)。
冬枯《が》れの景色のなか、雪の下で小麦だけが青々としている。
厳《きび》しい寒さを経験《けいけん》してたくましく育つ。

小麦は乾燥《かんそう》した地域《ちいき》での栽培《さいばい》に向いている。世界の降水量《こうすいりょう》と、生産地の分布《ぶんぷ》のようすをくらべてみよう。

［全世界の一年の降水量《こうすいりょう》］

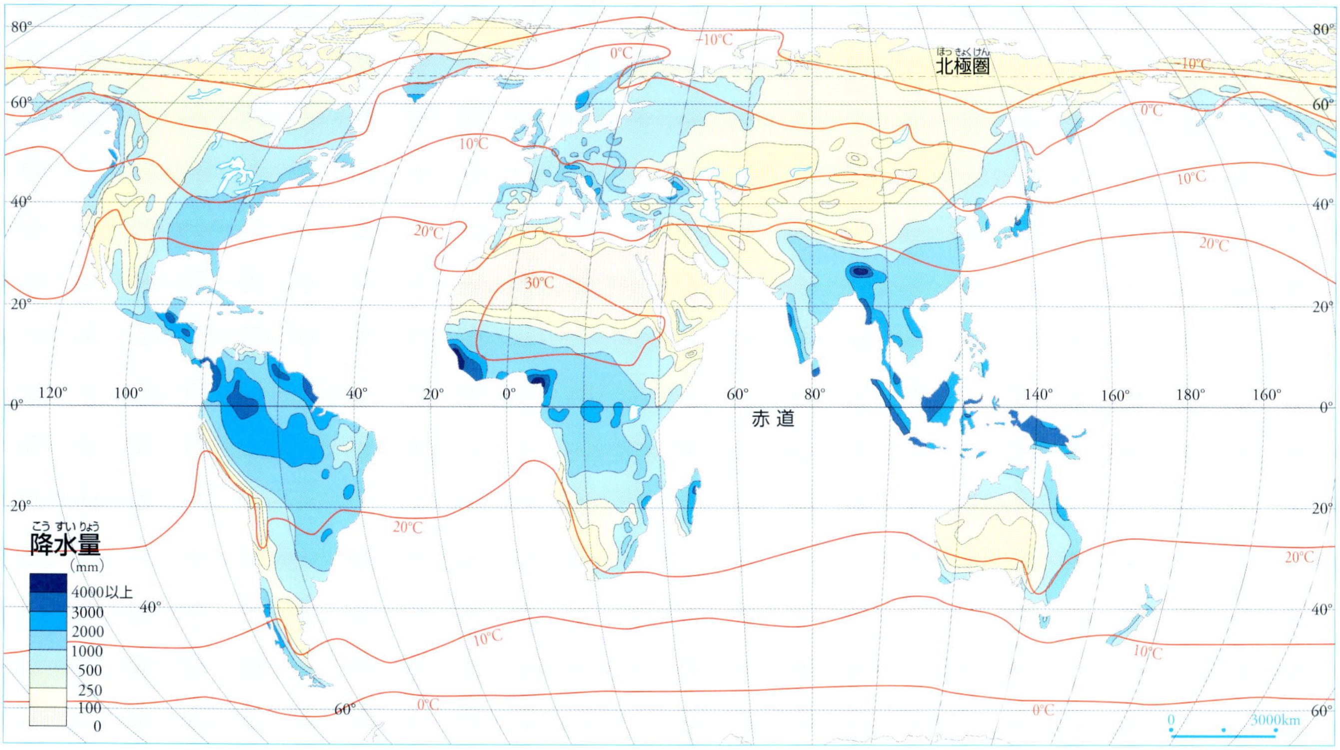

［全世界のおもな小麦の産地］

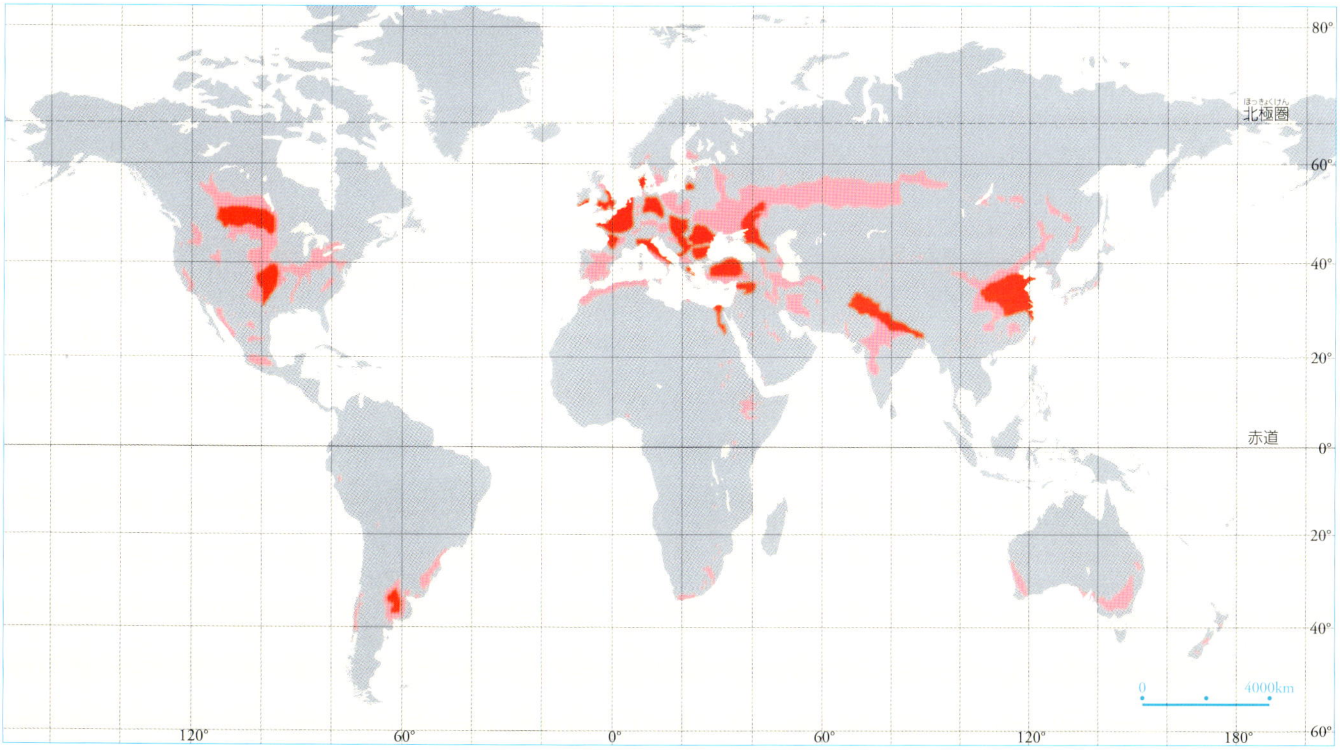

小麦はどこから？

［小麦の伝播《でんぱ》］

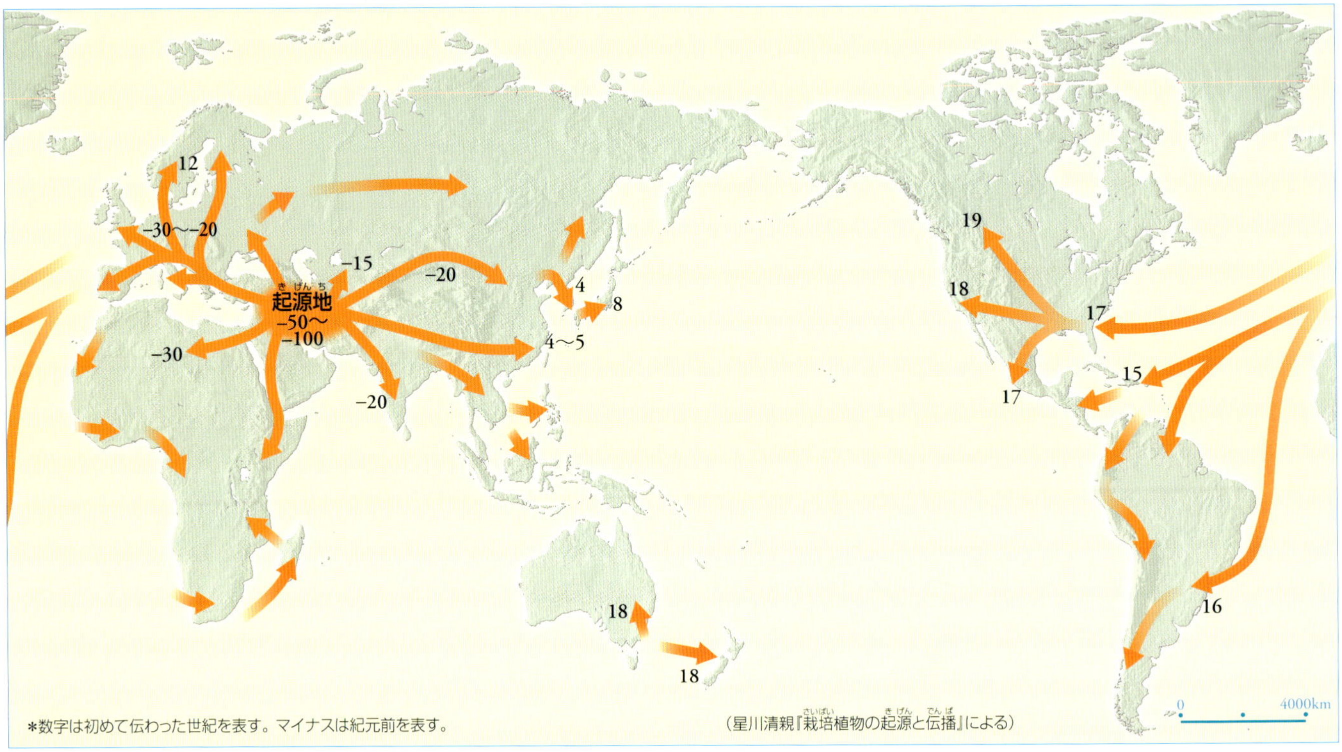

＊数字は初めて伝わった世紀を表す。マイナスは紀元前を表す。
（星川清親『栽培《さいばい》植物の起源《きげん》と伝播《でんぱ》』による）

小麦はもっとも古くから人間が栽培《さいばい》してきた作物のひとつです。およそ１万年前に西アジアの草原で栽《さい》培《ばい》が始まり、そこから東西へと広がって、2200年ほど前に中国の北部に伝わったとみられます。そこから朝鮮半島に入り、さらに古墳《こふん》時代の日本にももたらされました。

栽培《さいばい》が始まったあたりのメソポタミア（いまのイラク）からは、小麦などの当時の穀物類《こくもつるい》の収穫高《しゅうかくだか》が刻《きざ》まれた粘土板《ねんどばん》が出土しています。また、西アジアにほど近いエジプトでも、小麦畑を耕《たがや》し、収穫《しゅうかく》するようすを描《えが》いたおよそ3400年前の壁画《へきが》が見つかっています。人々が古くから小麦を大切な作物としてきたことがわかります。

ところで、小麦は種子の粒《つぶ》を粉《こな》にひく技術《ぎじゅつ》がなければ、食べることができません（18ページを見よう）。中国では小麦が伝わったのと同じ時代の石臼《いしうす》が出土しており、これで小麦を粉にひいていたとみられます。これ以前の時代の遺跡《いせき》からは、うまく粉にひけるような石《いし》臼《うす》が見つかっていないことから、小麦が伝わるのと同時に、石臼《いしうす》の技術《ぎじゅつ》もセットで入ってきたものと考えられています。

上―西アジアで栽培《さいばい》が始まった小麦はまずアフリカ、ヨーロッパに、次いでアジアに伝わった。南北アメリカとオセアニアには15〜18世紀にかけてスペイン、イギリスの航海者や開拓移民《かいたくいみん》がもたらした。

右―『種をまく人』(山梨県立美術館蔵)。
19世紀のフランスの画家・ミレーが描《えが》いた有名な絵で、
小麦の種をまく農夫を重厚《じゅうこう》なタッチで描《えが》いている。
ヨーロッパには、小麦は5000 ～ 4000年前に伝わり、
人々の暮《く》らしを支《ささ》えてきた。この地域《ちいき》ではこの絵のように
バラバラとまくやり方がおもで、収穫《しゅうかく》のときは大きな鎌《かま》を使って
たぐり寄《よ》せるように刈《か》る。
これに対して東アジアでは、種を列にして
まいていくという違《ちが》いがある。

下―古代エジプトの小麦づくり。
牛を使って畑を耕《たがや》し、刃が大きくカーブした鎌《かま》を使って
収穫《しゅうかく》するようすが、カヤツリグサの一種の茎《くき》を原料として
作ったパピルスという紙に描《えが》かれている。
この絵はおよそ3400年前のものとみられる。
いまのように小麦粉の生地を微生物《びせいぶつ》のはたらきで
ふくらませて(発酵《はっこう》)作るパンは、
およそ5000年前にこの地で生まれたと考えられている。

右―およそ2100年前の
中国の石臼《いしうす》(陝西省博物館蔵)。
上臼《うわうす》の真上のところから
小麦をそそぎ入れ、
回転させて製粉《せいふん》する。
上下の臼《うす》にそれぞれ歯がついており、
歯が減《へ》ってきたならば、
目立て(歯を研ぎなおすこと)をして
また使う。

ムギの重要性《じゅうようせい》

小麦や大麦といったムギ類のすぐれた点を考えてみましょう。まずは、乾燥《かんそう》させれば長期間にわたって保存《ほぞん》できることがあげられます。

これはムギ類だけでなく、穀物《こくもつ》と呼《よ》ばれる作物の大きな特徴《とくちょう》です。穀物《こくもつ》とは、人間のエネルギー源《げん》となるデンプンをたくわえた種子を利用する植物をまとめて指す言葉です。小麦、米、そしてトウモロコシが代表的なもので、三大穀物《こくもつ》と呼《よ》ばれます。

ムギ類と米は主穀《しゅこく》といわれ、それ以外の穀物《こくもつ》をまとめて雑穀《ざっこく》と呼《よ》びます。穀物《こくもつ》の中でも、とくにムギ類が人間にとってありがたいのは、種子の粒《つぶ》が大きいことです。粒が大きいほうが脱穀《だっこく》(18ページを見よう)も楽ですし、効率《こうりつ》よく加工して食べることができます。ムギ類とあわせてつくられることの多い穀物《こくもつ》にはアワ、キビ、ヒエなどがあり、いずれも重要な穀物《こくもつ》ですが、ムギ類とくらべると粒《つぶ》が小さいのです。

そして6ページでみたように、ムギ類は厳《きび》しい自然環境《かんきょう》のもとでよく育ち、なおかつ味のよい穀《こく》物《もつ》です。このようにすぐれた特徴《とくちょう》をもっているので、世界の人口の半数がこのムギ類を食糧《しょくりょう》としているのです。

〈ムギのいろいろ〉
上左—小麦。パンやメン類、お菓子《かし》などさまざまな食べ物に利用されている。小麦粉は、水を加えてこねると粉の中のタンパク質《しつ》がふくらみ、チューインガムのようにくっつく特性《とくせい》をもっている。他のムギ類にはないこの性質《せいしつ》のおかげで、さまざまな形や食感の食べ物を作ることができる。
上右—六条大麦《ろくじょうおおむぎ》。小麦よりも早くでき、また安定して収穫《しゅうかく》できる。米といっしょに炊《た》いて麦ご飯としたり、炒《い》って麦茶としたりする。種子が穂《ほ》に6列になってつくので、この名がある。
下左—二条大麦《にじょうおおむぎ》。原産地は小アジア(現在《げんざい》のトルコ)と考えられている。種子が穂《ほ》の右と左の2列につくので、この名がある。ビールの原料になる品種で、ビール麦とも呼《よ》ばれる。
下右—ライ麦。東ヨーロッパなどで多く栽培《さいばい》され、寒さや病気に強い。ビタミンや繊維質《せんいしつ》が豊富《ほうふ》で、黒パンやウイスキーなどの原料に用いられる。

〈雑穀《ざっこく》のいろいろ〉
上から―アワ。ネコジャラシ(エノコログサ)のなかまを改良してできた穀物《こくもつ》だ。
短い期間で収穫《しゅうかく》でき、ひでりに強い。
モチやダンゴ、小鳥のえさなどに用いられる。
キビ。栄養価《えいようか》が高く、粥《かゆ》にしたり、モチやダンゴにしたりして食べる。
日本では近年、生産が激減《げきげん》しているが、米、麦、アワ、豆と
あわせて「五穀《ごこく》」と呼《よ》ばれる。
ヒエ。他の穀物《こくもつ》の育ちにくい寒い土地や高地にも強いが、
味はあまり良くないとされる。やはりモチやダンゴなどにして食べる。
なお、イネを植えてある水田に生えてきたヒエは農家の人から雑草扱《ざっそうあつか》いされる。
コーリャン(タカキビ)。乾燥《かんそう》に強く、イネや小麦が育たない土地でも生長する。
中国で多くの品種が栽培《さいばい》されており、ダンゴや酒の原料に用いられる。
乾燥《かんそう》させた茎《くき》は燃料《ねんりょう》や、壁《かべ》や床《ゆか》の芯《しん》などの建築《けんちく》材料にも使われる。

上―ハトムギ。ご飯のように炊《た》いたり、粥《かゆ》にしたりして食べる。
最近は健康食品としても注目されている。
殻《から》つきの実を炒《い》って煎《せん》じたハトムギ茶がよく知られる。
ハトムギはヨクイニンともいわれ、漢方薬(23ページを見よう)にも用いられる。

【「麦」の字はどこから?】

古代の中国でムギ類を表すおもな漢字は「來」と「麥」です。「來」は穂《ほ》をつけた大麦の姿《すがた》を表しているとされます。「麥」は、この「來」の下に「夂」がついた形です。「夂」が足を表すことから、これは麦踏《むぎふ》み(6ページを見よう)を示《しめ》したものと考えられています。

およそ1900年前に作られた中国最古の字書『説文解字《せつもんかいじ》』には、「ムギは天から来たものなので、『行來』の『來』の字を用いるのである」と説明されています。「來」は現在《げんざい》の「来」という字にもあたります。つまり、現在《げんざい》の「麦」も「来」も、もとは同じ字から出たものだったのです。

2 小麦などを育てる技術《ぎじゅつ》

小麦づくりの一年

小麦はイネとならんで重要な穀物《こくもつ》です。この章では、まず、中国北部の畑作地帯の伝統的《でんとうてき》な小麦づくりのようすを、およそ100年前に描《えが》かれた山東《シャンドン》地方の絵をもとにみてみましょう。

この地方には「８月（新暦《しんれき》の９月）は麦まきの黄金の季節」ということわざがあり、トウモロコシ、アワ、キビなどの夏の作物を収穫《しゅうかく》した後に小麦をつくります。

まず畑に堆肥《たいひ》をたっぷりと混《ま》ぜこみ、家畜《かちく》に引かせるスキとマグワでていねいに整地し、そこに種まき農具を使って小麦をまきます。まいたあとは石のローラーをかけて押《お》さえます。またマイナス10度にも下がる厳冬期《げんとうき》には、重い石をのせた平らな板を家畜《かちく》に引かせて麦畑を往復《おうふく》させます。この麦《むぎ》踏《ふ》みに当たる作業によって、苗《なえ》は凍傷《とうしょう》から守られ、根の張《は》りが良くなります。

春になると麦の苗《なえ》はぐんぐんとのびます。この時期は、クワで根元に土を寄《よ》せると同時に雑草《ざっそう》を取りのぞく作業が欠かせません。これによって土の中の水分が保《たも》たれます。やがて初夏の収穫《しゅうかく》のときをむかえ、小麦は鎌《かま》で刈《か》り取られ、大車《ダーチョ》に積まれて脱穀場《だっこくじょう》に運ばれるのです。

収穫《しゅうかく》した小麦を荷車「大車《ダーチョ》」を用いて運搬《うんぱん》する。
上は実物の大車《ダーチョ》だ（中国・北京《ペキン》東南郊外《こうがい》の民具回収《かいしゅう》センター）。かつての運搬車《うんぱんしゃ》の王様で、車輪には鉄のワダチが巻《ま》かれ、鉄鋲《てつびょう》で補強《ほきょう》されていてとてもがんじょうだ。現在《げんざい》では役目を終えて、商店の飾《かざ》りとして海外に売られていく。

かつて農業運搬具《うんぱんぐ》の主役であった木製《もくせい》の「独輪車《ドゥルンチョ》」（中国・北京東南郊外の民具回収センター）。
どんなに狭《せま》い農道でも、この１本の車輪が立てられるはばさえあれば、物が運べる。
この車は道路が舗装化《ほそうか》されることによって農村から消えていったが、建築《けんちく》工事現場では鉄製《てつせい》の「ネコ車」となって再《ふたた》び活躍《かつやく》している。

農家での農具調査《ちょうさ》のようす（中国・山西《シャンシー》省大同《ダートン》）。
この写真はある一軒《いっけん》の農家に頼《たの》んで、家にあるおもな農具をすべて中庭に出してもらい撮影《さつえい》したものだ。
スキ、マグワ（いずれも14ページも見よう）、脱穀用《だっこくよう》カラサオ（18ページを見よう）、種まき用農具の耧車《ロウチョ》、鎌《かま》など基本的《きほんてき》な畑作農具を記録《きろく》することができ、年画《ねんが》に登場する農具の大半があった。

100年ほど前の中国の年画《ねんが》（中国・山東地方）。
中国では正月を迎《むか》えるにあたって、豊作《ほうさく》、一家繁栄《はんえい》、子宝《こだから》にめぐまれるよう祈願《きがん》し、こうした絵を室内に飾《かざ》る習慣《しゅうかん》がある。
この年画には、小麦づくりの各種の農作業の場面が描《えが》かれている。

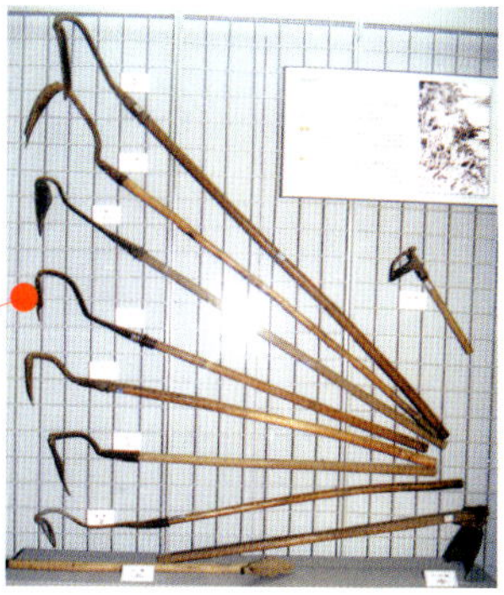

クワを用いて小麦の根元に土を寄《よ》せ、同時に雑草《ざっそう》を取りのぞいている。
この作業を「中耕《ちゅうこう》・除草《じょそう》」という。
左は実物の中耕《ちゅうこう》・除草《じょそう》用のクワ（中国・北京《ペキン》の中国農業博物館蔵《ぞう》）。
中国では種まき後の作物の管理には、このようなクワを用いる。

馬に種まき農具「耬車《ロウチョ》」を引かせての種まき。右は実物の「耬車《ロウチョ》」だ（中国・北京の中国農業博物館蔵《ぞう》）。
中国では2000年前にこの農具が考え出された。ダイズや小麦などの種まきに用いられ、現在《げんざい》でも使用されている。
種箱に入れられた種は、家畜《かちく》に引かせたときに箱がゆれるのにともなって、ななめ下に突《つ》き出した2～3つの脚《あし》の先からこぼれ落ちるようになっている。

こちらはヒョウタンを利用した種まき農具（中国・北京の中国農業博物館蔵）。
ヒョウタンのふくらんだ部分に大豆や穀物《こくもつ》の種を入れ、歩きながら下の筒《つつ》の部分を棒《ぼう》でたたき、種を落下させる。

石のローラー「砘車《ドンチョ》」で、まいた種の上の土を押《お》さえつける。上は実物の「砘車《ドンチョ》」だ（中国・北京《ペキン》東南郊外《こうがい》の民具回収《かいしゅう》センター）。
播《ま》き溝《みぞ》にまかれた小麦などの種は、土でおおわれた後にこのような石のローラーで押《お》さえつけ、種がしっかりと根づくようにする。

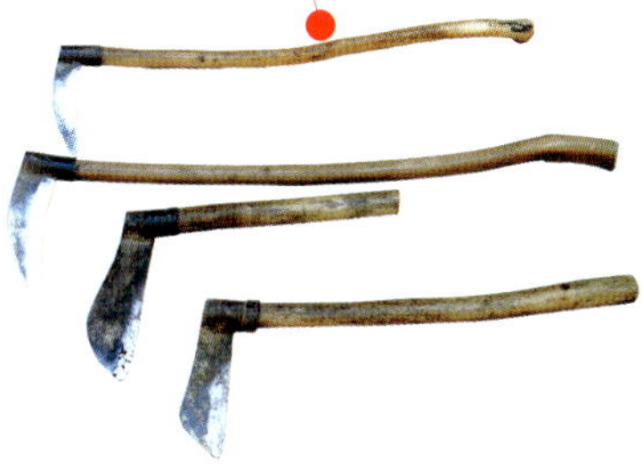

鎌《かま》で小麦を刈《か》り取る。
写真は実物の畑作用の鎌《かま》だ（中国・山西省寿陽）。
鎌《かま》の刃の部分は柄《え》の金具に鉄鋲《てつびょう》で固定してあり、そして木製《もくせい》の柄《え》は刃《は》に対して上にそりかえっている。
それは麦などの穀物《こくもつ》を根元から刈《か》り取るのに楽になるからだ。

馬と牛に引かせるスキで畑を耕《たがや》している。
上は中国古代の墓《はか》のレリーフに描《えが》かれたスキを用いた耕作図《こうさくず》（中国・山東省の滕州漢画像石館蔵）。
これはいまから2000年ほど前のスキで畑を耕《たがや》す図だ。
地面を耕《たがや》していくスキ先には鉄製《てつせい》の刃《は》が付けられている。
たんねんに浅《あさ》く耕《たがや》してやらないと、土中の塩分が地表に上昇《じょうしょう》してきてしまう。スキを引かせる家畜《かちく》に牛と馬を組み合わせて用いるのは、中国だけに見られるめずらしい慣習《かんしゅう》だ。

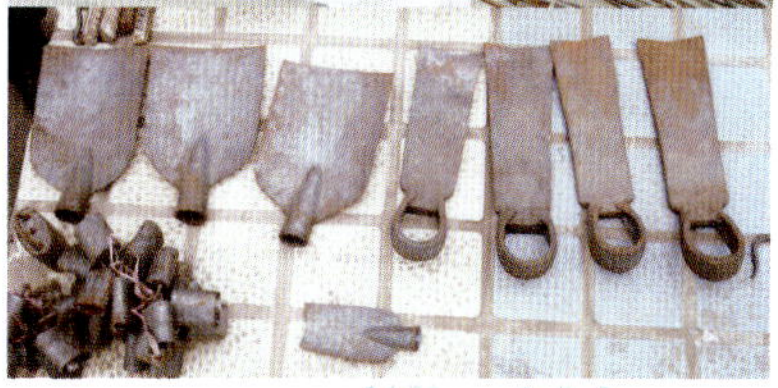

青空市場で農具などを鍛造《たんぞう》する鍛冶屋《かじや》と、できあがったクワ（中国・山西省沁水）。
決まった日に市が立つと、鍛冶屋《かじや》が箱型式フイゴ（空気を送って火を高温にする道具）を持参して、道ばたで農具を打つ。工事用の鉄筋《てっきん》やスクラップの鉄材をうまく再利用《さいりよう》している。
年画《ねんが》に登場するクワはこのような青空市で売られる。

スキの発達

スキは紀元前３千年ころに西アジアの畑作地帯で使われ、中国ではいまから2500年前に出現《しゅつげん》していたことが知られています。家畜《かちく》に引かせるスキの利用によって、人々の農作業は大いにはかどるようになりました。世界中の農業を、使用されている農具によって区分すると、クワの農業とスキの農業とに大別できます。手作業に頼《たよ》るばあいはクワ、家畜《かちく》の力を借りるばあいはスキの農業になります。

中国北部の乾燥《かんそう》した畑作地帯で用いられてきたスキは、「底《そこ》(先に刃の付いた、土に接《せっ》する部分)」が長いタイプと短いタイプとがあり、どちらも畑を浅《あさ》く掘《ほ》り起こすのにむいています。その理由については後のほうで述《の》べます(16ページも見よう)。また中国では人々が掘《ほ》り起こした土を両側あるいは片側にはじく、スキ先に装着《そうちゃく》するスキべら(犂鏵《リービー》)を世界に先駆《さきが》けて考案しました。

朝鮮半島の乾燥《かんそう》地帯でも、中国の山東《シャンドン》地方で使われてきたスキとよく似《に》たものが使われているのは、たぶん2000年ほど前に中国からその地域《ちいき》に入植した人々と関係があるかもしれません。

左—人力スキで畑を耕《たがや》す
(中国・北京《ペキン》の中国農業博物館の展示《てんじ》パネル)。
右の人がスキを引っぱる「ナガエ」を背負《せお》って前進し、左の人がスキの柄《え》を持って押《お》しながら畑を耕《たがや》している。家畜《かちく》に引かせるスキが誕生《たんじょう》する前は、このような人力スキがあったと考えられている。しかし、一人当たりの農地面積が少なく、あるいは耕作《こうさく》に家畜《かちく》を用いる習慣《しゅうかん》のないところには、いまでもこのような人力スキがある。

右—中国北部の乾燥《かんそう》・半乾燥《はんかんそう》地帯でいまも使われている畑作用のスキと耕作《こうさく》のようす(中国・陝西《シャンシー》省西安《シーアン》)。
中国北部では種まき時期の春に雨量が少ないため、夏から秋にかけて降《ふ》った雨の水分を土中に保《たも》ち、春に有効《ゆうこう》に利用する農法が考え出された。それは軽量で底《そこ》が長いスキで畑の表土をたんねんに耕《たがや》してやり、なけなしの水分の蒸発《じょうはつ》をできるだけ防《ふせ》ぐやり方だ。

畑作に使うスキの先(中国・山西《シャンシー》省大同《ダートン》)。
中国北部の畑作用のスキは、それぞれの畑の土の性質《せいしつ》によって
スキ先の形や重さがことなる。この大同《ダートン》地方のスキには、
スペード形のスキ先の後部に、掘《ほ》り起こされて
へばりついた土をほぐし落とす器具が付けられている。
その形が鏡のようなので「犂鏡《リージン》」と呼んでいる。

朝鮮半島のスキ(韓国・済州大学校済州教育博物館蔵)。
このスキはザンギと呼《よ》ばれる、朝鮮半島を代表する畑作用の
伝統《でんとう》スキだ。その形から推定《すいてい》してみると、中国の山東《シャントン》地方で
使われてきた畑作用のスキと関係が深い。

下―スキで起こした土を細かくくだく作業と、
それに用いるマグワ(中国・山西《シャンシー》省呂梁《リュイリャン》山地)。呂梁《リュイリャン》山地は中国有数の黄土《こうど》山地だ。
耕《たがや》して天にいたるような段々畑《だんだんばたけ》が作られ、
ここではスキで起こした土を、マグワの一種である「方耙《ファンバー》」で細かく砕《くだ》く。
方耙《ファンバー》は長方形の木枠《きわく》の下部に鉄製《てつせい》の牙《きば》のような刃《は》がたくさんついており、
木枠《きわく》の上に人が乗って牛に引かせ、これで土のかたまりをくだくのだ。

水分を逃《のが》さないくふう

上—中国西北部の乾燥《かんそう》地帯の畑（甘粛省蘭州から武威に向かう途中《とちゅう》の景観）。けわしい山脈《さんみゃく》のふもとにも畑が開かれている。何の手立ても打たなければ、地下数メートルの深さにある水分まで蒸発《じょうはつ》してしまうほど乾燥《かんそう》ははげしい。

下—畑の中耕《ちゅうこう》・除草《じょそう》作業（中国・陝西省西安）。中国北部の伝統的《でんとうてき》な畑作は、種まき前の畑の整地に家畜《かちく》に引かせたスキやマグワを用いるが、その後の作物の根張《ねは》りをよくする中耕《ちゅうこう》や除草《じょそう》はクワを用いた手作業となる。これはクワで作物の根元に土を寄《よ》せてやるのと同時に、まわりの雑草《ざっそう》をクワで刈《か》りはらう作業だ。これはネギ畑を手入れしているところで、その両側にはコーリャンやトウモロコシなど収穫期《しゅうかくき》の異《こと》なる作物が植えられている。これも中国畑作の特色だ。

1949年に中華人民共和国《ちゅうかじんみんきょうわこく》が成立する前は、北部の乾燥《かんそう》した畑作地帯では農業用水のための潅漑施設《かんがいしせつ》が整備《せいび》されていませんでした。農業用の井戸もありましたが、作物のための水は主として雨に頼《たよ》らざるをえませんでした。このような農業を「天水農業《てんすいのうぎょう》」と呼《よ》びます。

中国北部では年間降雨量《こううりょう》はたった400～1000ミリメートルで、しかもその6割《わり》以上が夏から秋にかけて降《ふ》ります。また、この地方特有の黄土《こうど》は降《ふ》った雨をよくしみこませる性質《せいしつ》があり、反対に雨がやむと畑の表面は水分が蒸発《じょうはつ》しやすい状態《じょうたい》になり、それより深い部分の水分までどんどん蒸発《じょうはつ》させてしまいます。

そこで昔から行われてきたのが、できるだけ畑地の水分の蒸発《じょうはつ》をふせぐ独特《どくとく》の農法です。その方法とは、作物を収穫《しゅうかく》した後と種まきの直前にスキで畑の土を浅《あさ》く起こし、マグワでくだくことを数回行い、畑の表面に水分の蒸発《じょうはつ》を防止《ぼうし》する土の層《そう》をこしらえてやるのです。また作物が植えられているときに、その根元にクワでていねいに土を寄《よ》せてやるのも水分を保《たも》つためです。これを「中耕《ちゅうこう》」といいます。

左上3点―土中の水分の蒸発《じょうはつ》をふせぐ方法。
およそ1600年前の中国・甘粛省《ガンスー》 嘉峪関《ジャーユイグァン》 の墓《はか》の壁画《へきが》の模写《もしゃ》だ。
スキで土を起こし、マグワで細かくくだき、最後に「耱《モー》」という道具で押《お》さえつける一連の作業が表現《ひょうげん》されている。このようにして土中の水分の蒸発《じょうはつ》をふせぐ。雨などの天水に頼《たよ》る乾燥《かんそう》地帯の農法なのだ。いまでは地下水をくみ上げたり、灌漑《かんがい》水路を整備《せいび》したり、農具が機械化されたりしたことによって、大きな変化が見られる。

左下―スキとマグワによる作業(中国・甘粛省《ガンスー》 酒泉《ジョウチュエン》 で発見された墓《はか》の壁画《へきが》)。これは4～5世紀ころの畑の整地作業を行っているようすを描《えが》いた壁画《へきが》だ。左側に1人の農夫が牛に引かせたスキで土を起こし、右側に別の農夫がクシの歯状《じょう》のマグワの上に乗って、起こされた土のかたまりを細かくしている。前者の作業を「犂田《リーティエン》」、後者の作業を「耙田《バーティエン》」といい、この作業をくりかえすことで土中の水分を保《たも》つのだ。

上―およそ200年前の灌漑《かんがい》のようす(中国・山西《シャンシー》省太原《タイユエン》の山西《シャンシー》博物館所蔵《しょぞう》の絵画)。屋敷《やしき》周辺の野菜畑を描《えが》いた絵で、右側にハネツルベという道具を用いて井戸の水をくみ上げるようすが描《えが》かれている。ハネツルベはツルベ竿《さお》の先端《せんたん》に水桶《みずおけ》がついており、くみ上げるときに水桶《みずおけ》は重いので、横木にくくりつけられた重石《おもし》の反動力を利用して桶《おけ》を引き上げる。

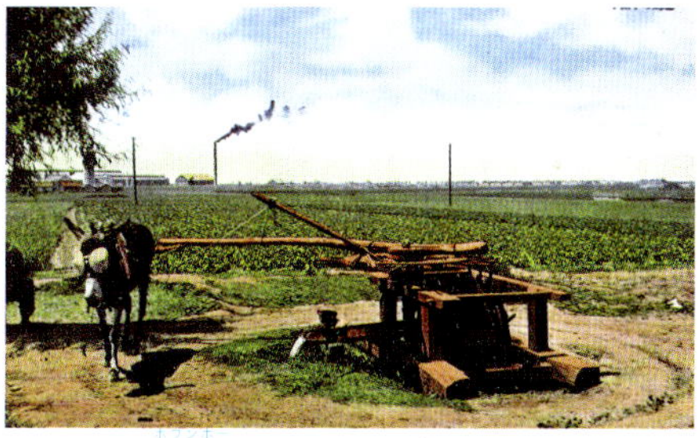

左―かつて黄河《ホワンホー》の水をくみ上げていた巨大な水車(中国・甘粛省《ガンスー》蘭州《ランジョウ》の水車公園)。黄河《ホワンホー》の水を岸辺の取水口に導《みちび》き、流れの力を利用して巨大な水車を回す。この灌漑《かんがい》用水を使ってイネを栽培《さいばい》したこともあった。かつて蘭州《ランジョウ》にはこの水車が立ちならび、動くようすは遊園地の観覧車《かんらんしゃ》のようであっただろう。

上―ロバを使って井戸水をくみ上げる。アジア・太平洋戦争前の絵はがきの写真で、中国の東北部で撮影《さつえい》されたとみられる。井戸の深さは土地によってことなるが、10メートル前後まで掘《ほ》る。ロバは長時間の労働にたえるので、目かくしをして、くみ上げ作業に専念《せんねん》させる。

収穫《しゅうかく》して粉にひく

小麦は粒《つぶ》のままでは食べられません。かたくて消化しにくい種子の外皮をはがすのが、たいへん難《むずか》しいからです。ですから、いったん外皮ごと粉にひいてしまって、その後にふるいなどを使って、粉の部分と外皮の部分とを選《よ》り分けなければならないのです。

ここでは、小麦を収穫《しゅうかく》してから粉にひくまでの流れをみてみましょう。まずは脱穀《だっこく》といって、刈《か》り取った小麦から種子を外します。それを天日に干《ほ》して乾《かわ》かします。

十分に乾燥《かんそう》したら、石臼《いしうす》や水車を使って種子を粉にひきます。そこから外皮の部分を取りのぞいて、ようやく小麦粉の状態《じょうたい》になるのです。なお、粉々になった外皮は「ふすま」と呼《よ》ばれ、家畜《かちく》の飼料《しりょう》などに使われます。

小麦が伝わった当初、中国では粉にひくのに手回し式の石臼《いしうす》を使っていました(8ページを見よう)。その後、1400年ほど前から、水車の回る力を利用した臼《うす》が使われるようになると、製粉《せいふん》の効率《こうりつ》が飛躍的《ひやくてき》に高まりました。この技術《ぎじゅつ》によって、小麦を食べることが人々の間で本格的《ほんかくてき》に広がったと考えられています。

[収穫《しゅうかく》]

上—小麦の刈《か》り取りのようす。これは『王禎《ワンジェン》農書』(原本は14世紀初めに刊行《かんこう》)という中国の書物に描《えが》かれたものだ。右側の農夫が前端《ぜんたん》に刃《は》のついたタモ網《あみ》のような道具(右の図)で小麦を押《お》し切りながら刈《か》り取り、網《あみ》に入れる。いっぱいになると、後ろの農婦《のうふ》の押《お》している車つきカゴに移《うつ》す。この農具はいまでも使われている。

下2点—アワの刈《か》り取りと、刈《か》り取った穂《ほ》(中国・山西省楡次)。

根元から刈《か》り取ったアワは、押《お》し切り用具で穂先《ほさき》を切断《せつだん》する。

それから小さな鎌《かま》や穂摘《ほづ》み具と呼《よ》ばれる道具を用いて、葉が混《ま》じらないよう、穂だけをていねいに切り分ける。茎《くき》と葉は家畜《かちく》の飼料《しりょう》にする。

[脱穀《だっこく》・乾燥《かんそう》]

小麦の穂《ほ》を、カラサオという脱穀用《だっこくよう》の棒《ぼう》で叩《たた》いて、穂《ほ》から粒《つぶ》を取りはずす。

そして小麦の粒《つぶ》を地面に大きく広げて乾燥《かんそう》させる。

(中国・雲南《ユンナン》省大理《ダーリー》)。

[脱穀《だっこく》・乾燥《かんそう》]

上左―「場院《チャンユアン》」と呼《よ》ばれる作業場(中国・陝西《シャンシー》省乾《チェン》県)。畑に、周囲《しゅうい》よりも一段《いちだん》高く叩《たた》きしめた部分を作って、そこで小麦を脱穀《だっこく》して干《ほ》す。このような作業場を造《つく》っておけば、雨が降《ふ》っても、足元がぬかるまない。

上中―小麦の脱穀《だっこく》作業(中国・雲南省祥雲)。竹で編《あ》んだ大きな脱穀槽《だっこくそう》の内側に、小麦の穂《ほ》を叩《たた》きつけて脱穀《だっこく》する。

上右―小麦の束をコンクリートブロックに叩《たた》きつけて脱穀《だっこく》する。作業しているのは少数民族・ミャオ族だ。(中国・雲南省昆明《クンミン》)。

[製粉《せいふん》]

上左―水車で粉にひく(中国・四川《スーチョワン》省西俄洛)。床下《ゆかした》に設《もう》けられた、横に回転する水車の力が臼《うす》に伝わり、効率《こうりつ》よく製粉《せいふん》することができる。ここで粉にひいているのは大麦のなかまの青稞《チンコー》だ。

上右・下―水車の力で回る石臼《いしうす》で、小麦を粉にひく(中国・重慶《チョンチン》市黔江《チェンジャン》)。村人たちが持ち主に使用料を払《はら》って使う。水車による製粉《せいふん》は現在《げんざい》、ほとんどが電動式の機械による製粉《せいふん》にかわってしまっている。

[貯蔵《ちょぞう》]

穀物《こくもつ》倉庫のようす。これはアジア・太平洋戦争前に撮影《さつえい》された中国・遼寧《リャオニン》省大連《ターリェン》のもの。地面から一段《いちだん》上に造《つく》った基礎《きそ》の上に、アンペラ(むしろ)を筒状《とうじょう》に巻《ま》いて屋根をつけただけの臨時《りんじ》の倉庫だ。中に入れる穀物《こくもつ》の量に応《おう》じて、巻《ま》くアンペラを増《ふ》やしたり減《へ》らしたりして高さを調節することができる。

新たに入ってきた作物

こんどは小麦以外の重要な作物をみてみましょう。とくにトウモロコシ、サツマイモ、ジャガイモは、いずれも15世紀末の大航海時代のさなかにアメリカ大陸に到達《とうたつ》したヨーロッパ人たちが持ち帰り、世界中に広まったものです。

中国には16世紀半ばにトウモロコシが、同世紀末にサツマイモが、それぞれ入ってきたとみられます。どちらも天候の異変《いへん》に強く、やせた土地でもよく育つことから各地に広がり、とりわけ北部のかんばつに多くみまわれる地域《ちいき》には欠かせない作物になりました。

ジャガイモも同じころに中国に伝わったとみられます。やはりアメリカ大陸原産のラッカセイも同時期にもたらされました。いずれも今日では各地で栽培《さいばい》されています。

トウモロコシ、サツマイモは17～18世紀に朝鮮半島にも伝わりました。サツマイモについては、当時の政府《せいふ》が日本に派遣《はけん》した「通信使《つうしんし》」と呼《よ》ばれる使節が、対馬《つしま》(いまの長崎県対馬《つしま》市)から持ち帰ったとみられます。ジャガイモは19世紀に中国から朝鮮半島にもたらされ、かんばつに強いため、やがて広まりました。

上―トウモロコシの穂《ほ》から粒《つぶ》を外す(中国・山 西省磧口)。トウモロコシは現在《げんざい》、米、小麦に次いで、中国で3番目に生産量が多い穀物《こくもつ》となっている。ちなみに日本には16世紀末にもたらされ、江戸《えど》時代には「南蛮《なんばん》キビ」と呼《よ》ばれた。「南蛮《なんばん》」とはヨーロッパがもたらしたものの意味だ。

右―ジャガイモを洗《あら》う(中国・四《スーチョワン》 川 省茂 汶 チャン族自治県)。この地域《ちいき》では、ゆでて皮をむき、臼《うす》でついてマッシュポテトのようにして食べる。なお、中国ではふつう、ジャガイモのことを「土 豆《トゥードウ》」といい、「土 豆子」というと「田舎者《いなかもの》」を意味する言葉になる。

上—サツマイモ畑(韓国・済州島)。サツマイモは朝鮮半島全土で栽培《さいばい》されている。朝鮮半島での呼《よ》び名「コグマ」は、「孝行《こうこう》イモ」という対馬《つしま》(いまの長崎県対馬《つしま》市)での呼《よ》び名がなまったものと考えられている。対馬《つしま》は山がちで耕《たがや》す土地が少なく、サツマイモの導入《どうにゅう》によって大幅《おおはば》に食糧事情《しょくりょうじじょう》が改善《かいぜん》されたため、このように呼《よ》ばれたという。

右上—トウモロコシを石臼《いしうす》で粉にひく(中国・四川《スーチョワン》省の瀘沽湖湖畔)。石臼《いしうす》は古くから用いられてきた手軽な道具で、食べる分だけ粉にひくのに便利だ。ただし、いちどにたくさん製粉《せいふん》することはできない。

右下—ロバの力を借りて石臼《いしうす》を回し、トウモロコシや小麦などを粉にひく。これはアジア・太平洋戦争前に中国の東北地方で撮影《さつえい》された写真だ。

左—ラッカセイ。これもアメリカ大陸原産の作物だ。花のついた茎《くき》が土にもぐりこんで実ができるので、「落花生」の名がある。現在《げんざい》、中国は世界第1位の生産量を誇《ほこ》る。

【バッタの害】

現代《げんだい》でもときどき、トノサマバッタの大発生がニュースになります。大量のこのバッタが飛んで移動《いどう》しながら、作物や木、草をすべて食べつくしてしまうので、被害《ひがい》にあった土地は深刻《しんこく》なききんにおちいります。乾燥《かんそう》した地域《ちいき》でよく起こる現象《げんしょう》で、農民たちはこれに悩《なや》まされ続けてきました。19世紀の中国の農書にも、人々が木の枝《えだ》を持って、必死にバッタを穴《あな》に追いこんで焼き殺すようすが描《えが》かれています。

ちなみに、中国ではこのバッタを「蝗」という漢字で表します。この漢字は皇帝《こうてい》を表す「皇」の字と発音が同じなため、「蝗害《こうがい》」という言い方に引っかけて、時の皇帝《こうてい》の政治《せいじ》を批判《ひはん》することもありました。

上—19世紀の中国の農書『治蝗書』に収《おさ》められた絵。大ぜいの村人が木の枝《えだ》を持ってバッタを穴《あな》に追い落とし、火で焼き殺している。

左—この現象《げんしょう》はまれに日本でも発生する。写真は1986年に鹿児島県の無人島・馬毛島《まげしま》で起こったトノサマバッタの大発生のようすで、その数は数千万匹とみられる。大発生のときのバッタは突然変異《とつぜんへんい》によって、飛ぶ力が強くなり、ふつう(右下)とは違《ちが》う体の色(右上)になる。

トウガラシなどのスパイス

アメリカ大陸原産の重要な作物としては、トウガラシも欠かすことができません。中国には17世紀前半に伝わったとみられ、いまや料理には欠かせないスパイスです。中国北部ではあまり辛《から》くなく、良い香《かお》りや甘《あま》みのある品種がおもに栽培《さいばい》されています。いっぽうで、南部のトウガラシはたいへん辛《から》い品種が多いのです。この辛《から》いトウガラシをふんだんに使うのが、四《スー》川《チョワン》省を中心に食べられている四川《しせん》料理です。

朝鮮半島には、トウガラシは日本を経由《けいゆ》して16世紀後半に伝わったと考えられます。日本のトウガラシよりも辛《から》さがひかえ目で、香《かお》りの良い品種がこのまれます。トウガラシを使った代表的な料理として、すぐに思い浮《う》かぶのはキムチですが、じつはトウガラシが伝わる以前のキムチはサンショウなどで味つけしていたのです。

中国でもサンショウは古くから使われてきたスパイスです。中国ではサンショウの実の味を「麻辣《マーラー》」と言います。これは「しびれる辛《から》さ」という意味で、そうした刺激《しげき》を楽しんできたのです。また、ニンニクも東アジア地域《ちいき》で、同様に古くから利用されてきました。

上2点―キムチを作る（韓国・慶尚北道《キョンサンブクド》）。ハクサイ、ダイコンなどさまざまな野菜で作られ、およそ200もの種類があるといわれる。朝鮮半島の食卓《しょくたく》には必ず並《なら》ぶ大切な食べ物だ（韓国・忠清南道《チュンチョンナムド》）。塩漬《しおづ》けした野菜に、トウガラシの粉やニンニク、塩辛《しおから》などを混《ま》ぜ合わせた「ヤンニョム」をもみこんで漬《つ》ける。もともとは新鮮《しんせん》な野菜のとぼしい冬の食べ物だった。

右頁・上―朝鮮半島のトウガラシ。キムチだけでなく、汁物《しるもの》や炒《いた》め物など、さまざまな料理に使われる（韓国・慶尚北道《キョンサンブクド》）。

なお、トウガラシが伝わったばかりのころは、朝鮮半島では毒草と考えられ、中国では観賞用の植物として利用されていた。（いずれも大村次郷撮影）

日本でおよそ200年前に描《えが》かれたトウガラシ（『福善斎画譜』より）。

左—漢方薬店（中国・広東省広州）と韓方薬店《かんぽうやく》（韓国・ソウル）。中国では古くから「医食同源《いしょくどうげん》」といわれ、毎日の食事が病気の予防《よぼう》や回復《かいふく》をうながし、健康を保《たも》つと考えられており、トウガラシやコショウ、シナモンなどは漢方薬の材料としても用いられてきた。中国の影響《えいきょう》を受けた朝鮮半島でも同様の考え方が強く、やはり料理の材料が韓方薬《かんぽうやく》と呼《よ》ばれる伝統的《でんとうてき》な薬をもかねている。

上右—路上で売られているニンニク（中国・四川省清渓）。もともとは西アジア原産とされ、スタミナをつける食材として、古くから中国や朝鮮半島で用いられてきた。ちなみに日本には古代に、中国を経て伝わったと考えられている。においが強いので、東アジア地域《ちいき》では魔《ま》よけとしても使われてきた。

上左—路上でサンショウなどのスパイスを売る（中国・四川省清渓）。この土地はサンショウの一大産地だ。このほかにも地元でとれるさまざまな木の実、漢方薬材が並《なら》べられている。

下—市場に並《なら》んだ漬《つ》け物。トウガラシなど、さまざまなスパイスが使われている。（中国・重慶市黔江）

あわせて育てる家畜《かちく》

家畜《かちく》の肉も古くからの大切な食べ物です。小麦との関係でいえば、小麦の食べ物だけでは不足してしまう必須《ひっす》アミノ酸《さん》というタンパク質《しつ》を、補《おぎな》う役割《やくわり》を果たすのです。

中国では3000年以上も前から、牛やヒツジ、ブタなどが飼《か》われていたことが、甲骨文字《こうこつもじ》(カメの甲羅《こうら》や獣《けもの》の骨《ほね》に刻《きざ》まれた文字)の記録《きろく》からわかっています。とくにヒツジは肉を食べ、毛や皮を利用する、もっとも一般的《いっぱんてき》な家畜《かちく》でした。漢字の「美」の字はもともと、神に捧《ささ》げる大きくてみごとなヒツジを意味しており、いかに大切な動物だったかがうかがわれます。

ブタ肉は、ヒツジの肉よりも下にランクされてきましたが、現代《げんだい》の中国では、たんに「肉」といえばブタ肉を指すほど親しまれており、あらゆる料理に用いられています。このほかイヌの肉なども食べられてきました。

朝鮮半島でも古くから肉を食べてきましたが、6世紀半ばまでに仏教《ぶっきょう》が全土に広まり、肉食がほぼ禁止《きんし》されました。その後、13～14世紀に肉食の文化をもつモンゴルに支配《しはい》されたのをおもなきっかけに、肉食が復活《ふっかつ》したとされています。

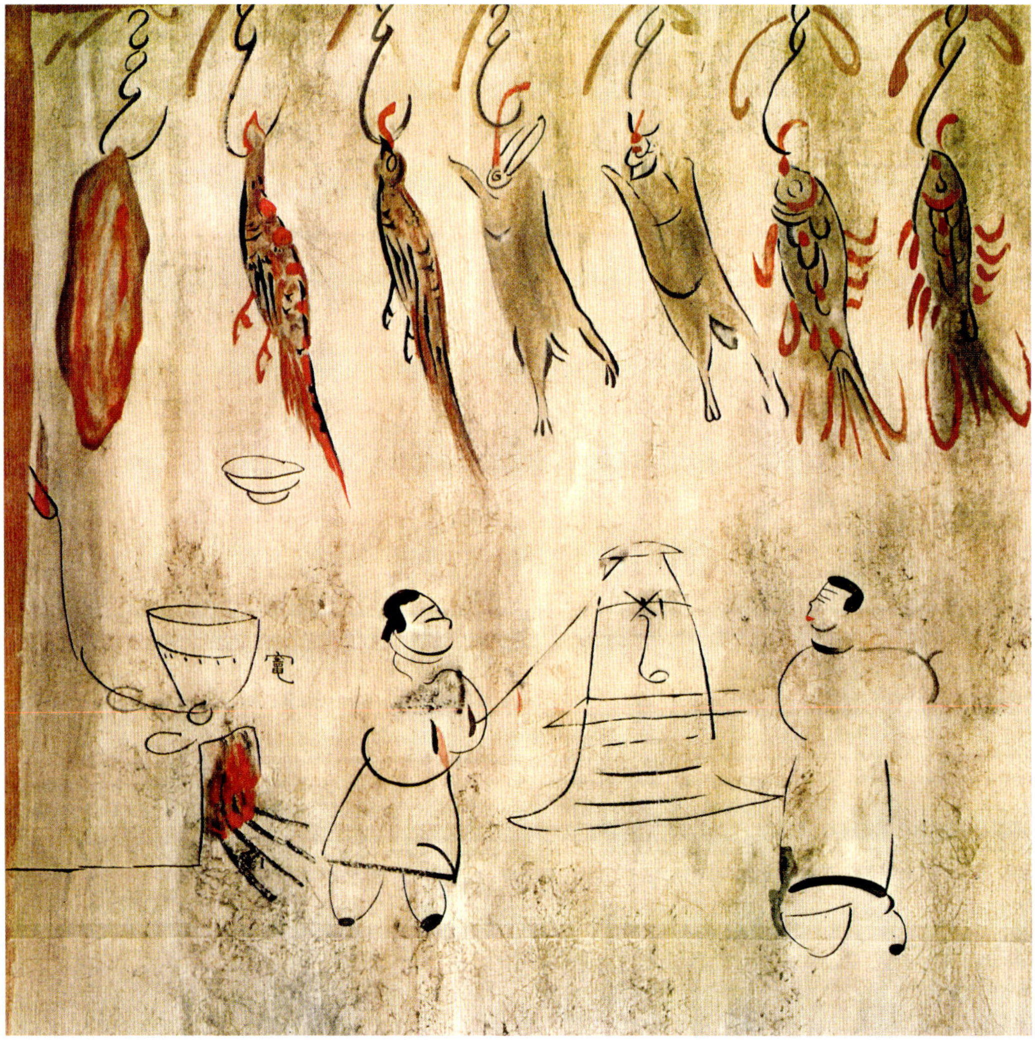

上―動物の解体《かいたい》のようす。
中国・山東《シャンドン》省嘉祥《ジャーシャン》県の2世紀の墓《はか》に彫《ほ》られたレリーフだ。
右側にイヌをさばいているようすが描《えが》かれている。

左―およそ1800年前の台所のようす。中国・内《うち》モンゴル自治区の墓《はか》の壁画《へきが》だ。天井のかぎからキジやウサギ、魚などがぶら下げられている。
下の2人の人物は、せいろを使って料理をしている。
左側のかまどでは穀物《こくもつ》が蒸《む》されている。

下―牛の解体《かいたい》のようす。
中国・甘粛《カンスー》省高台《ガオタイ》県の3～4世紀の墓《はか》の壁画《へきが》だ。このあたりはもともと豊《ゆた》かな牧草地帯で、たくさんの家畜《かちく》が飼《か》われていた。
奥《おく》の器にはこの牛の血が入っている。
血も内臓《ないぞう》もあますところなく利用されてきた。

ブタの放牧(中国・四川《スーチョワン》省阿壩《アバ》チベット族自治州古爾溝《グーアルゴウ》)。
育て上げたブタは、ほとんど解体《かいたい》せずに姿《すがた》のまま塩漬《しおづ》けに加工し、大切に食べる。この塩漬《しおづ》けのブタをたくさん持っていることが、豊《ゆた》かさのシンボルになる。

市場でニワトリをさばく(中国・四川《スーチョワン》省丹巴《ダンバー》)。
中国では市場でニワトリを買うと、
注文に応《おう》じてその場で手ぎわよくさばいてくれる。

現代《げんだい》でも、やはり肉を天井からぶら下げて保存《ほぞん》するところがある。
これは中国・四川《スーチョワン》省の瀘沽湖《ルーグーフー》湖畔《こはん》の少数民族・モン族の台所のようすだ。
このあたりは高地ですずしい気候なので、肉をくさらせずに、こうしてほどよく熟成《じゅくせい》させることができる。客が来たときにこの肉をふるまう。

【ブタを育てるリサイクル】

この写真は、およそ2000年前の中国・陝西省《シャンシー》潼関《トングワン》の墓《はか》から出土したもので、当時のトイレのようすを表現《ひょうげん》した模型《もけい》です。下の丸い囲いの中にいるのがブタで、上のトイレから落ちてくる、人間の大便を食べます。きたないと思われるかも知れませんが、これは古くから続いてきたりっぱなリサイクルなのです。人間が出した食べ物のかすでも、ブタにとっては栄養があります。こうして育ったブタはまた人間に食べられ、そして人間が出し……とめぐるのです。日本や朝鮮半島でもかつては行われていました。

「豚便所《ぶたべんじょ》」と呼《よ》ばれる模型《もけい》(中国・陝西《シャンシー》省博物館蔵《ぞう》)

3 小麦などをめぐる暮《く》らし

メンのいろいろ①

小麦を使った料理で代表的なものがメンです。その長い形が長寿《ちょうじゅ》につながるとして、中国では古くから祝い事などに欠かせない料理として食べられてきました。

中国のおもなメン料理は、作り方で大きく3つに分けられます。まずは「拉麺《ラーミェン》」。「拉《ラー》」は「ひっぱる」という意味で、小麦粉の生地をひっぱってのばして作ります。

次は「切麺《チエミェン》」。たたんだ生地を包丁で切り、メンの形にしたものです。

3つ目は「河漏麺《ホーロウミェン》」。穴《あな》の開いた道具に生地を入れ、押《お》し出して作ります。

そもそも、こうした中国のメン作りの技術《ぎじゅつ》が、いま世界中でみられるさまざまなメンのルーツになったと考えられています。たとえば、日本のそうめんの作り方は「拉麺《ラーミェン》」と基本的《きほんてき》に同じですし、うどんは「切《チエ》麺《ミェン》」と同じです。これらは奈良《なら》時代から室町《むろまち》時代にかけて中国から伝わったとみられます。

いっぽう、「河漏麺《ホーロウミェン》」から発展《はってん》したと考えられるものには、イタリアのスパゲッティなどがあります。

左頁・左上—できあがった拉麺《ラーミェン》を干《ほ》す。(中国・重慶市秀山)
左頁・左下—メンを作る(中国・四川省阿壩チベット族自治州若爾蓋)。
ひっぱってのばした小麦粉の生地をちぎって煮込《にこ》む。
日本の「ほうとう」によく似《に》ている。
左頁・右—メンはいつも人気の食べ物だ。
この店の名物である牛肉入りの拉麺《ラーミェン》をもとめて、
たくさんの人々が集まる。(中国・甘粛省蘭州)
上—そばを食べる(神奈川県茅ヶ崎《ちがさき》市)。日本そばは
ソバの粉から作られるが、その作り方は
中国の「切麺」と同様に、
生地を包丁で切ってメンの形にする。
つゆをつける食べ方が、アジアの他の地域《ちいき》には
あまりみられない日本そばの特色だ。

上3点—ラグマン。中央アジアの代表的なメンだ。これも拉麺の一種で、
よくこねた生地を引きのばして作る。(中国・新疆ウイグル自治区　大村次郷撮影)

【ラーメンは中国料理?】

ラーメンが広く親しまれるようになった最大のきっかけは、アジア・太平洋戦争の終戦です。中国の各地から引きあげてきた人々が、現地《げんち》で覚えたメン料理を日本に伝えたのです。中国北部のメンに、焼き豚《ぶた》など中国中南部の料理をトッピングするなど、日本独自《どくじ》のくふうが重ねられ、食料不足の時代にたいへんな人気を呼びました。こうした中でラーメンという呼《よ》び名も定着していきます。その由来は中国語の「拉麺《ラーミェン》」などだと考えられています。

さらに1958(昭和33)年には、手軽に食べられるインスタントラーメンが発売され、本場中国をはじめ、世界各国に輸出《ゆしゅつ》されるようになりました。その後もラーメンは、日本人の好みに合うようさまざまにくふうされ、いまでは代表的な日本料理として海外でも人気を集めています。

韓国・ソウルのラーメン店。ラーメンはいまや、日本料理として海外で受け入れられている。

メンのいろいろ②

前のページでみた以外にも、中国にはさまざまなメンがあります。小麦粉の生地のかたまりを持ち、もう片方《かたほう》の手に持った道具で、湯の中に削《けず》り落として作る「刀削麺《ダオシャオミェン》」はもともと山西《シャンシー》省の名物でしたが、いまでは各地で見られます。小麦粉だけでなく、ソバや、ムギの一種であるエンバクを粉にひいて作ったメンもあります。

朝鮮半島でもメンは人気の食べ物です。いまは小麦粉で作ることが多いのですが、かつてはやせた土地でもよく育つソバなどを使ったメンが多かったとみられます。

日本の焼き肉店でもよく出される冷麺《れいめん》は、もともと朝鮮半島北部の料理です。ソバ粉に小麦粉を混《ま》ぜた生地を、前のページでみた中国の「河漏麺《ホーロウミェン》」と同じように、穴《あな》を開けた道具に入れて押し出します。ゆで上げてから、冷たい水でよく洗うことで、メンがそれ以上やわらかくならず、独特《どくとく》のシコシコした食感が生まれます。

朝鮮半島にはほかにも、中国の「切麺《チエミェン》」や日本のうどんと同様に、小麦粉の生地を包丁で切って作るメンもありますが、これは南部で生まれたものとされています。

上—エンバクで作ったメン(中国・山西《シャンシー》省大同《ダートン》)。
独特《どくとく》の形が特徴《とくちょう》で、たれにつけて食べる。
小麦粉のメンよりも腹《はら》もちがよいとされる。
下—いろいろな春雨《はるさめ》(中国・重慶市秀山)。
春雨《はるさめ》も、マメやイモなどのデンプンでできた生地を、
穴《あな》の開いた道具で押《お》し出して作る食べ物だ。
右2点—「搓魚麺《ツォユイミュェン》」というユニークなメン
(中国・雲南省通海　大村次郷撮影)。
長くのばした小麦粉の生地をちぎり、
指の腹《はら》でころがすようにして作る。
小さな魚のような形をしている。

メン作り（韓国・ソウル）。
小麦粉の生地を折りたたんで切る。
このメンを豆乳《とうにゅう》のスープに入れた
コングクス（右下）は、朝鮮半島南部で
暑い時期に人気のある食べ物だ。

粑粑《バーバー》（中国・雲南省麗江）。
ソバの一種で、苦みのある
ダッタンソバを粉にひいて作る。
ハチミツをぬって食べる。
この地域《ちいき》の少数民族・ナシ族の主食だ。

冷麺《れいめん》。もともと朝鮮半島北部の料理で、
朝鮮民主主義人民共和国（北朝鮮）の首都・平壌《ピョンヤン》で
作られた「平壌冷麺《ピョンヤンネンミョン》」が有名だ。
トウガラシとニンニクを
使わずに作る「水《みず》キムチ」の汁《しる》などを使った
スープに入れて食べる。（韓国）

刀削麺
（中国・遼寧省大連　仙石《せんごく》エミ撮影《さつえい》）。
小麦粉のかたまりを削《けず》って作る
独特《どくとく》のメンだ。中国各地で人気がある。

マントウとビン

中国のおもな小麦粉料理には、マントウもあります。小麦粉の生地を微生物《びせいぶつ》のはたらきでふくらませ(発酵《はっこう》)、蒸《む》したり焼いたりしたパンのような食べ物で、主食として食べます。漢字では「饅頭」と書きますが、中には何も入っていないのがふつうです。日本のまんじゅうのようにあんを包んだものは「包子《パオズ》」と言います。

なお、朝鮮半島にもやはり「饅頭」と書く、マンドゥという食べ物がありますが、これは肉や野菜のあんが入ったギョウザをおもに指します(33ページを見よう)。同じ名前でも、国によって違《ちが》う食べ物なのがおもしろいですね。

ビンは中国で、小麦粉を練って焼いたり揚《あ》げたりした食べ物を表す言葉です。野菜を混《ま》ぜて焼くお好み焼きのようなものや、おかずを包んで食べるクレープのようなものなど、さまざまな種類があります。こちらは「餅」と書きます。

朝鮮半島には、漢字で「胡餅」と書く、ホットックという食べ物があります。「中国から来た"餅"」という意味で、小麦粉の皮であんを包み、焼いたり揚《あ》げたりしたおやつです。

いずれも日本のモチとは違《ちが》っていますね。

上―花巻児《ホアジュアル》。これもマントウの一種で、おかずと一緒《いっしょ》に食べたり、おかずの汁《しる》をつけて食べたりする。(中国・四川省丹巴)

中・下―いろりの灰《はい》で焼いた粑粑《バーバー》と、鉄鍋《てつなべ》で焼いた粑粑《バーバー》(中国・四川省丹巴)。これも小麦粉で作るビンの一種だ。

右―烙餅を焼く(中国・山西省楡次)。できあがったものを切って、ネギなどの具をはさんだりして食べる。クレープのようなものだ。

左—油餅を作る（中国・山西省長治）。
小麦粉の生地を植物油で揚《あ》げて作る、
人気のあるおやつだ。
右—小麦粉料理を売る屋台（中国・陝西省西安）。
マントウなどをその場で作る。
中国では北部を中心に、
こうした屋台が各地で見られ、
人々が朝食を買いに訪《おとず》れる。
下—マントウをほおばる子どもたち。
村に生まれた赤ちゃんが、初めて満月を
迎《むか》える日にひらかれる宴会《えんかい》のようすだ。
（中国・甘粛省敦煌　大村次郷撮影）

上—麻花児。小麦粉をこね、
油で揚げて作る中国北部のおやつだ。
カリントウのような食感で、ほんのり甘《あま》い。
これは特別に大きいもの。（中国・天津市）
下左—ホットック（韓国・釜山）。小麦粉の生地に、
ナッツなどで作った甘《あま》いあんを入れて焼いたり
揚げたりする。人気のある朝鮮半島のおやつだ。
下右—包子《パオズ》（中国・河南省洛陽　大村次郷撮影）。
肉や野菜のあんを小麦粉の皮で
包んだ食べ物だ。
右—「酥糖《スータン》」という菓子《かし》
（中国・浙江省）。
小麦粉とゴマ、
砂糖《さとう》からつくる。
日本の落雁《らくがん》（1巻34ページを
見よう）に似《に》た食感で、
口の中ではらりとくずれる。

ジャオズと油条《ヨウティアオ》

ジャオズは「餃子」と書きますが、日本でギョウザと呼《よ》ぶのは中国東北部の満州語《まんしゅうご》に由来するといわれています。小麦粉の皮で肉や野菜などのあんを包んだ料理ですが、日本のギョウザとはさまざまな点で違《ちが》いがあります。

まず、ジャオズはおもに主食として食べます。そのため、皮がもっちりして厚《あつ》いものも多いのです。そして、ふつうにはゆでるか蒸《む》すかして調理します。もちろん焼きギョウザもあり、中国の北方では「煎餃《チェンジャオ》」、南方では「鍋貼《グオティエ》」とそれぞれ称《しょう》しています。

ジャオズを食べるときには、生のニンニクをつぶして、たれの中に入れたりします。いっぽう、日本のギョウザは、はじめから刻《きざ》んだニンニクをあんに入れてしまいます。

日本のギョウザはおもに、アジア・太平洋戦争で中国北部に行った日本人が現地《げんち》で覚えて持ち帰ったものだと言われます。それが広がるうちに、日本の人々の好みに合うよう、作り方が変わっていったのです。

油条《ヨウティアオ》も主食として食べる中国の小麦粉料理です。練った小麦粉を油で揚《あ》げた、揚《あ》げパンのようなもので、手軽な朝食として人気があります。

左—粑粑《バーバー》作り。ジャオズのなかまで、小麦粉で作った皮に、ブタ肉と野菜のあんを詰《つ》める。あんにニンニクは入っておらず、左下の写真のようにニンニクの根や茎《くき》をかじりながら食べたりする。ここに写っているのは少数民族・チベット族だ。（中国・四川省雅江）

上—小籠包《シャオロンバオ》を作る。これもよく知られる料理で、口の中で小麦粉の皮が破《やぶ》れると、あつあつのブタ肉のスープが飛び出す。（中国・上海《シャンハイ》市）

上―さまざまなジャオズ（中国・陝西省西安）。
ジャオズにはこのように蒸して作るものもあり、
いろいろな具が入っている。
「餃子《ジャオズ》」は、子を授《さず》かるという意味の「交子《ジャオズ》」と
発音が同じなので縁起《えんぎ》が良いとされ、
祝い事にも欠かせない食べ物だ。
中―日本のギョウザ。本場中国と違《ちが》い、
おもに焼いて作ることや、
あんにニンニクを入れることに特徴《とくちょう》がある。
中国から伝わったギョウザは日本でたいへん親しまれ、
現在《げんざい》はギョウザでもって町おこしにつとめている都市もある。
右上―油条《ヨウティアオ》（右上）。揚《あ》げパンのような料理だ。
おもに朝食としてそのままかじったり、
粥《かゆ》や豆乳《とうにゅう》にひたしたりして食べる。（台湾《たいわん》）
右―マンドゥ（韓国・ソウル）。
朝鮮半島のギョウザで、肉や野菜のあんを入れてゆで、
スープに入れたりして食べる（30ページも見よう）。

酒と調味料

酒は人々の儀式《ぎしき》やお祝いに欠かせない飲み物です。中国における酒づくりの歴史はおよそ4000年前にさかのぼります。この時代の遺跡《いせき》から、酒を飲むのに使ったとみられるさまざまな器が出土しているのです。

東アジア地域《ちいき》では、日本の清酒《せいしゅ》のように、こうじカビと呼《よ》ばれる微生物《びせいぶつ》のはたらきで、穀物《こくもつ》を発酵《はっこう》させて作る酒が各地にあります。この地域《ちいき》でもっとも古くからあるタイプの酒で、カビを使う技術《ぎじゅつ》は世界の他の地域《ちいき》にはみられないものです。

いっぽうで、焼酎《しょうちゅう》のように、いったん発酵《はっこう》させた酒を蒸留《じょうりゅう》して作るタイプのものは、13世紀に東南アジアから中国にもたらされて広まったとみられます。

味噌《みそ》や醤油《しょうゆ》も、酒と同じように発酵《はっこう》を利用する食品で、東アジア各地で利用されています。朝鮮半島では、ダイズで作った「味噌玉《みそだま》」を、一年のうち最も寒い時期に塩水に漬《つ》けこみます。このダイズの部分を熟成《じゅくせい》させたものが味噌《みそ》、残った液体の部分を煮《に》つめたものが醤油《しょうゆ》になります。これは日本の「八丁味噌《はっちょうみそ》」や「たまり醤油《じょうゆ》」と同じ作り方です。

［酒］

上左―トウモロコシを発酵《はっこう》させて蒸留酒《じょうりゅうしゅ》の「包穀酒《パオグージュウ》」を作る（中国・重慶市黔江）。酒の原料には、その土地土地でとれるさまざまな穀物《こくもつ》が使われる。

左―咂酒《ザージュウ》（中国・四川省馬爾康）。蒸《む》した穀物《こくもつ》に菌《きん》をつけ、水を加えずに発酵《はっこう》させる。飲むときに湯を入れ、ストローで吸《す》う。祭りのときなどによく飲まれる。

上右―酒を量り売りする店（中国・四川省成都）。穀物《こくもつ》を発酵《はっこう》させて作る「黄酒《ホワンジュウ》」や、漢方薬のクコの実などを入れた「薬酒《ヤオジュウ》」を売っている。

下―「白酒《バイジュウ》」と呼《よ》ばれる酒（中国・山西省の呂梁山地）。中国では、さまざまな雑穀《ざっこく》を発酵《はっこう》させたものを蒸留《じょうりゅう》した酒をこう呼《よ》ぶ。いずれもアルコール度数が極《きわ》めて高い、強い酒だ。コーリャン（11ページを見よう）やトウモロコシで作られる。

［調味料］

酢《す》を作って売る（中国・山西省楡次）。
酢《す》は、発酵《はっこう》させて作った酒に酢酸菌《さくさんきん》という微生物《びせいぶつ》を加え、さらに発酵《はっこう》させて作るものだ。山西《シャンシー》省は酢《す》の名産地で、写真の酢《す》は、冬にかめを屋外に出して凍《こお》らせ、その氷を何度も取りのぞいて作る。たいへん濃《こ》いのが特徴《とくちょう》で、人々はこれを食事のときにスプーンで飲む。「酢《す》が飲めなければ山西《シャンシー》の人ではない」などと言われる。

朝鮮半島の味噌《みそ》・醤油《しょうゆ》作り。それぞれテンジャン、カンジャンという。
水につけたダイズをよく煮《に》てつぶし（韓国・全羅南道）、
四角く形づくった「味噌玉《みそだま》」（同・全羅北道）を、塩水を入れたかめに漬《つ》けこむ（同・忠清南道）。
味噌玉《みそだま》がやわらかくなったら引き上げ、別のかめに入れて熟成《じゅくせい》させる。
残った液体《えきたい》の部分は釜《かま》で煮《に》つめて、発酵《はっこう》が進むのを止める。これが醤油《しょうゆ》になる。（いずれも大村次郷撮影）

その他の食べ物

この地域《ちいき》の小麦以外の食べ物もみてみましょう。とくに20ページでお話ししたアメリカ大陸原産の作物について、いろいろな食べ方を紹介《しょうかい》します。

トウモロコシはさまざまな料理に用いられます。また、そのまま焼いて食べたり、粉にひいて粥《かゆ》にしたりします。若《わか》い実をミキサーにかけ、ジュースにして飲んだりもします。

サツマイモ、ジャガイモも焼いたり、ゆでたりして食べるほか、料理の材料に使われます。朝鮮半島ではサツマイモのデンプンから春雨《はるさめ》を作ります。日本のものよりも太めで、これを野菜や肉と炒《いた》めた「チャプチェ」という食べ物は人気があります。また、日本でいう芋《いも》けんぴのようなものもあります。コグマティギムといって、棒状《ぼうじょう》に切ったサツマイモを揚《あ》げたものです。

朝鮮半島北部の東のほうではジャガイモを多く栽《さい》培《ばい》しており、そのデンプンからメンやモチを作るそうです。

雑穀《ざっこく》もさまざまに利用されています。朝鮮半島では雑穀《ざっこく》や大麦をいっしょに炊《た》きこんだご飯が、栄養があるとしてよく食べられています。

焼きイモを売る（中国・上海市）。ドラム缶《かん》のなかで、まきを燃《も》やして焼き上げ、それをリヤカーで運んで売る。
このような焼きイモ屋は中国全土で見られる。ジャガイモやトウモロコシを焼いて売ることもある。

ツァンパ(中国・四川省阿壩チベット族自治州古爾溝)。大麦のなかまである青稞《チンコー》から作る食べ物だ。青稞《チンコー》は他の作物が育ちにくい標高3000メートル以上の高地でもよく生長する。粉にひいたものに、バター茶(茶にバターと塩を加えた飲み物)やチーズをまぜ、手でこねながら食べる。この地域《ちいき》に暮《く》らすチベット人の主食となっている。

右上—チャプチェ(韓国)。
サツマイモから作った朝鮮半島の春雨《はるさめ》だ。
上—コグマティギム(韓国・ソウル)。
朝鮮半島のサツマイモのおやつだ。
右2点—朝鮮半島では雑穀《ざっこく》や豆が日常的《にちじょうてき》によく食べられている。
上は韓国・ソウルの路上で売られていたもの。下は雑穀や豆を炊《た》きこんだご飯だ(韓国・忠清南道　大村次郷撮影)。
右—さまざまなナッツや干《ほ》しブドウ(中国・甘粛省武威)。
このあたりはクルミやカシューナッツ、ブドウやイチジクなどの名産地だ。
乾燥した気候のため、果物は糖度が高くなり、甘《あま》みが強くなる。

麦わらなどの利用

麦のわらも日常《にちじょう》の道具などにさまざまに用いられてきました。イネのわらと同じように、収穫《しゅうかく》するときの副産物《ふくさんぶつ》として大量にとれることが、その大きな理由です。

右下の写真は朝鮮半島のむしろです。かんたんな敷物《しきもの》として各地で利用されてきました。これも麦作地帯では麦のわらを編《あ》んで作られたりします。なお、米作地帯ではおもにイネのわらで作られます。

雑穀《ざっこく》の茎《くき》も同じように材料として使われました。たとえば11ページでみたコーリャン(タカキビ)はその名のとおり、生長すると3メートルもの高さになります。コーリャンはそれほど味のよい穀物《こくもつ》ではありませんが、その実だけでなく、長い茎《くき》を利用する目的もあって栽培《さいばい》され続けてきたとも考えられます。

そのほか、身近にあるさまざまな植物が道具などに利用されてきました。広くアジアに分布《ぶんぷ》するカラムシという草もそのひとつで、茎《くき》の繊維《せんい》が強くじょうぶなため、左下の写真のように繊維《せんい》をよって糸を作ります。カラムシの繊維《せんい》は日本でも衣類や紙などに用いられてきました。

左―カラムシの繊維《せんい》をよって糸を作る(中国・四川省阿壩チベット族チャン族自治州)。この糸で布《ぬの》を織《お》る。写真の女性《じょせい》が足のすねに巻《ま》いている脚絆《きゃはん》(寒さをふせぎ、歩きやすくするためにまとう布《ぬの》)も、カラムシの布《ぬの》で作ったものだ。

上―むしろを織《お》る(韓国・済州島)。専用《せんよう》の道具を使い、たてに張《は》ったロープの間に麦わらや稲《いな》わらをさしわたして織《お》っていく。

[大森《おおもり》の編《あ》み細工]

上・右—おもに結び目を作った麦わらを編《あ》んでかたちづくる。
動物やおもちゃなどがよく作られた。

【日本の麦わら細工】

日本では、麦わらを使った美しい工芸品が有名です。その代表的なものが大森《おおもり》(東京都大田《おおた》区)と、城《きの》崎《さき》(兵庫県豊岡《とよおか》市)の麦わら細工で、いずれも江《え》戸《ど》時代からの歴史をもっています。

大森《おおもり》のおもなものは「編《あ》み細工」といって、麦わらを立体的に編《あ》んで、動物などをかたちづくります。大森《おおもり》は江戸《えど》時代まで、東海道《とうかいどう》(東京〜京都を結ぶ幹線《かんせん》道路)沿《ぞ》いの街としてにぎわったところで、麦わら細工は名物みやげとして旅人の人気を集めました。

城崎《きのさき》のものはおもに「貼《は》り細工」といって、細かく切った麦わらをモザイクのように小物に貼《は》りつけます。城崎《きのさき》は古くからの温泉地で、麦わら細工はここでもやはり、みやげとして親しまれました。

これらの麦わら細工に使われるのは大麦のわらです。しなやかで編《あ》みやすく、また切ったものを貼《は》りつけるのに広げやすかったのです。小麦のわらはというと、日本ではおもにカヤぶき屋根(1巻《かん》38ページを見よう)をふくときに、カヤと混《ま》ぜて量を増《ふ》やすのに用いられました。

[城崎《きのさき》の貼《は》り細工]

左・右—小箱などの表面に、色をつけた麦わらを貼《は》りつけて、絵やもようなどを描《えが》く。
麦わらの表面には独特《どくとく》の光沢《こうたく》があり、たいへん美しい。

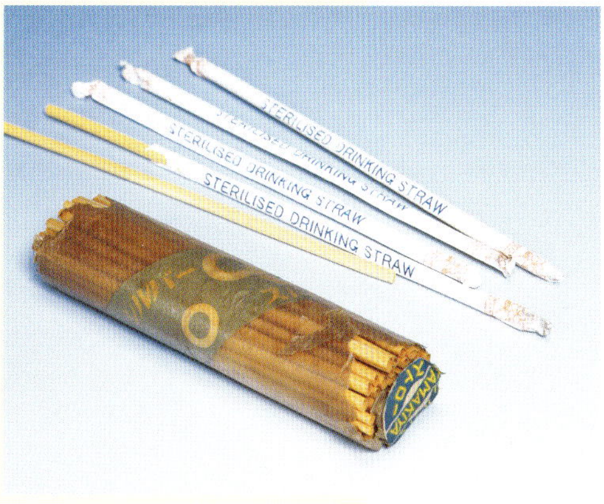

右—昭和30年代まで日本各地で使われてきた麦わらストロー。
わらが中空になっていることを利用している。
喫茶店《きっさてん》などで使われてきた。

麦作地帯の住まい

乾燥《かんそう》や寒さのはげしい中国北部は、ふつうに暮《く》らしてゆくだけでもたいへんきびしい環境《かんきょう》です。こうした中で、人々がさまざまなくふうをこらした伝統的《でんとうてき》な住まいをみてみましょう。

北部の黄土《ホワントゥー》高原に暮《く》らす人々の代表的な住まいに「窰洞《ヤオドン》」というものがあります。崖《がけ》や地面に穴《あな》を掘《ほ》って造《つく》る家で、乾《かわ》くと強さが増《ま》す黄土《こうど》の性質《せいしつ》を利用した、たいへんじょうぶなものです。窰洞《ヤオドン》の中は気温の差が小さく、冬の寒さ、夏の暑さをしのぐことができ、黄土《ホワントゥー》高原に特有の強い風もさけられます。現在《げんざい》もおよそ4000万人の人々が住んでいるとされています。

また、北京《ペキン》などでみられる住宅《じゅうたく》に「四合院《スーホーユエン》」があります。4つの建物が中庭を囲む形をしており、外側にはほとんど窓《まど》がありません。これはもともと外敵《がいてき》を防《ふせ》ぐための構造《こうぞう》なのですが、冬の強い風などをさえぎる役割《やくわり》も果たします。

麦わらを使った住まいもみてみましょう。朝鮮半島の伝統的《でんとうてき》な家には、麦わらで屋根をふいたものがありました。わらは中が空洞《くうどう》になっているため、熱をさえぎる性質《せいしつ》があります。これを利用した屋根は夏の暑さをやわらげました。

窰洞《ヤオドン》(中国・山西省《シャンシー》楡次《ユイツー》)。これは崖《がけ》に横穴《よこあな》を開けた形のものだ。ほかに地面を四角形に掘《ほ》り下げ、そこから四方に横穴《よこあな》を掘《ほ》るタイプのものもある。数千年もの歴史をもつ伝統的《でんとうてき》な住居《じゅうきょ》で、地域《ちいき》によっては学校や工場なども窰洞《ヤオドン》のやり方で造《つく》られている。

右—朝鮮半島の麦わら屋根。
ここに見える家々のほとんどの屋根が
麦わらでふかれている。
これはアジア・太平洋戦争前に、
いまの韓国・ソウルのようすを写した
絵はがきだ。
中・下—四合院《スーホーユエン》。これは中国・山西《シャンシー》省のものだ。
およそ1700年前から続いてきた
伝統的《でんとうてき》な建築《けんちく》様式で、その家の主人、家族、
使用人らがそれぞれの建物に分かれて住んでいる。
外に通じる門は、縁起《えんぎ》がよいとされる
東南の方向に造《つく》られる。
「四」は東西南北の方角、「合」は取り囲むという意味だ。
特徴的《とくちょうてき》な形を右の模型《もけい》（山西《シャンシー》博物館蔵《ぞう》）でも確《たし》かめてみよう。
これは土地の有力者が住んでいた四合院《スーホーユエン》の模型《もけい》で、
四角く囲む形をいくつも連ねている。
このような大規模《だいきぼ》な邸宅《ていたく》には、「四世同堂《しせいどうどう》」といって、
4世代にわたる一族がいっしょに暮《く》らしていた。

4 祈《いの》りと願い

豊《ほう》作《さく》を祈《いの》る

人々は厳《きび》しい自然条件《じょうけん》のもと、作物が無事に育ち、家族や村人が平安に暮《く》らせるよう、天に祈《いの》りをささげてきました。代表的なものを紹介《しょうかい》しましょう。

中国・黄土《ホワントゥー》高原に位置する陝西《シャンシー》省の安塞《アンサイ》に伝わる「安塞腰鼓《アンサイヤオグー》」は、2200年以上もの歴史がある踊《おど》りです。太鼓《たいこ》や銅鑼《どら》を打ち鳴らし、人々が黄土《こうど》を舞《ま》い上げながら、激《はげ》しく勇壮《ゆうそう》に踊《おど》ります。もともとは軍隊で兵士たちの気分を高めるための踊《おど》りでしたが、現在《げんざい》では豊作《ほうさく》や村の平安を願う行事となっています。旧正月《きゅうしょうがつ》の期間である1月下旬《げじゅん》から2月に行われ、これが終わると、人々は春の農作業の準備《じゅんび》に取りかかるのです。

乾燥《かんそう》の激《はげ》しい土地ならではの雨乞《あまご》いの儀式《ぎしき》もあります。陝西《シャンシー》省の華県《ホア》には、はなやかな雨乞《あまご》いの踊《おど》りが伝わっています。背中《せなか》に飾《かざ》りをつけた人々が、太鼓《たいこ》や銅鑼《どら》にあわせて舞《ま》い踊《おど》ります。春先や秋口の、雨の少ない時期に行われます。

中国西南部の畑作地帯である雲南《ユンナン》省大理《ダーリー》地方の少数民族・ペー族は、山川草木《さんせんそうもく》に神が宿るという信仰《しんこう》をもっています。毎朝、香《こう》をたいて茶をささげ、神々のめぐみを受けられるよう祈《いの》ります。

右上—安塞腰鼓《アンサイヤオグー》(中国・陝西《シャンシー》省安塞《アンサイ》)。この土地は古くから、北方の異民族《いみんぞく》の侵入《しんにゅう》を防《ふせ》ぐための重要な拠点《きょてん》だった。兵士たちは太鼓《たいこ》を使って敵《てき》が来たのを知らせたり、戦いの勝利を祝ったりした。踊《おど》り手の腰《こし》につけられた太鼓《たいこ》はこの名残りだとされている。

右—雨乞《あまご》い踊《おど》り(中国・陝西《シャンシー》省華県《ホア》)。五色の紙の花で飾《かざ》った竹ざおを背中《せなか》に取りつけて踊《おど》る。この踊《おど》りはもともと、古代の兵士が戦場に出向いたり、勝利を上げて戻《もど》ってきたときの式典だったとされ、時代が変わるにつれ、現在《げんざい》のように雨が降《ふ》るよう祈《いの》る行事に変化していったと考えられている。

上2点―旧正月《きゅうしょうがつ》を祝う祭り(中国・陝西《シャンシー》省延安《イェンアン》)。太鼓《たいこ》を叩《たた》いたり、歌を歌ったり、高蹺《ガオチャオ》(竹馬の一種)に乗って劇《げき》を演《えん》じたりするにぎやかな祭りだ。一年間の労働をねぎらい、新しい年の豊作《ほうさく》を願う意味がこめられている。

豊作《ほうさく》を願って踊《おど》る(中国・青海《チンハイ》省)。水の神とされる龍《りゅう》や雲が描《えが》かれた大きなうちわをかかげて舞《ま》う。

下―山川草木《さんせんそうもく》に宿る神々に茶をささげて祈《いの》る(中国・雲南省大理《ダーリー》ペー族自治州)。少数民族・ペー族の間では地区ごとに本主《ベンジュ》という守り神をまつるとともに、あらゆる自然に神が宿るという信仰《しんこう》をもっている。豊作祈願《ほうさくきがん》も山川草木に向かって祈《いの》る。

右―ペー族の山川草木に対する信仰《しんこう》を示すお札「甲馬子《ジャーマーズ》」。このお札は木版《もくはん》で刷《す》られ、正月に市場で売られる。家の入り口に貼《は》るなどして、いろいろなことを祈願《きがん》する。

窰洞《ヤオドン》(40ページを見よう)にまつられる土地の神(中国・陝西省延川《イェンチュアン》)。人々が日常的《にちじょうてき》に訪《おとず》れ、豊作《ほうさく》や無事を祈《いの》る。

魔《ま》よけと福《ふく》寄《よ》せ

子どものすこやかな成長を願ったり、亡《な》くなった人の魂《たましい》の無事を祈《いの》ったりする儀礼《ぎれい》は世界のどこにでもあります。中国北部に伝わるものを、ここではおもにみてみましょう。こうした儀礼《ぎれい》から、人々がどのような思いで暮《く》らしてきたのかをうかがい知ることができます。

中国北部では、赤ちゃんが生まれるとトラをかたどった帽子《ぼうし》をかぶせる儀礼《ぎれい》があります。最も強い動物であるトラにあやかり、子どもにわざわいが降《ふ》りかからないよう祈《いの》るのです。

日本で5月5日に祝われる端午《たんご》の節句《せっく》は、もともと中国に由来するものとされています。中国北部ではこの日、サソリなどが刺《し》しゅうされたチョッキを子どもたちに着せます。これはいわば「毒をもって毒を制《せい》す」という考え方で、子どもたちに悪いものが近づかないようにという願いがこめられているのです。

この地域《ちいき》では人が亡《な》くなると、布製《ぬのせい》の馬やニワトリをひつぎに入れます。馬は魂《たましい》をあの世に無事に運ぶのだと考えられています。いっぽう、ニワトリは魂《たましい》が迷《まよ》ってしまったときに、正しい道に引っ張《ぱ》りもどすのだと信じられています。

左―端午《たんご》の節句《せっく》。チョッキにはサソリのほか、ヘビ、ヒキガエル、ムカデ、トカゲが刺《し》しゅうされている（下右も見よう）。人間に害をなすとして、「五毒《ごどく》」といわれている動物たちだ。あえてこうしたものを身につけることで、わざわいが寄《よ》りつかないよう願う。中国の陝西《シャンシー》省や甘粛《ガンスー》省にみられる風習だ。

下―龍《りゅう》やサソリ、カエルなどの魔《ま》よけの生き物がデザインされた壁飾《かべかざ》り。（中国・陝西省咸陽《シェンヤン》）

左下―魔《ま》よけのトラの帽子《ぼうし》（中国・陝西省宜川）。東アジアでは、トラは特別な力をもつ動物だと信じられ、おそれうやまわれてきた。

上—身代わりの人形(中国・陝西《シャンシー》省北部)。
やはり端午《たんご》の節句《せっく》に、12歳《さい》までの子ども一人ひとりに作る。
わざわいが降《ふ》りかかったときに、
この人形が身代わりになってくれると信じられている。

上—子宝《こだから》が授《さず》かるよう願う刺《し》しゅう(中国・陝西《シャンシー》省洛川《ルオチュワン》)。
結婚《けっこん》した女性《じょせい》がこれを腰《こし》につける。両側に描《えが》かれた魚は「陰陽《いんよう》」という
考え方を表している。万物が生まれたり、ほろんだりすることは、
この「陰《いん》」と「陽《よう》」というふたつの力によって起こるとされる。
右下2点—女の子どもにわざわいがふりかからないよう
願うまくら(中国・甘粛《ガンスー》省慶陽《チンヤン》)。祖母《そぼ》が子どもの誕生日《たんじょうび》に作ってやるものだ。
魚は命の象徴《しょうちょう》で、元気な子どもを産める
健康な体に育ってほしいと望んでいる。
まん中にある穴《あな》は、寝《ね》たときに耳が
入るためのものだ

右—正月の縁起物《えんぎもの》である「年画《ねんが》」。この絵は100年ほど前の
中国・天津《ティエンジン》のものだ。子どもが手にしている魚には、
財産《ざいさん》があり余《あま》るほど豊《ゆた》かになるようにという願いがこめられている。
これは「魚《ユイ》」という字と、「余《ユイ》」という字の発音が同じであることに
ちなむものだ。また、子どもの後ろには「福」という
字が書かれている。

下—布製《ぬのせい》の馬(中国・陝西《シャンシー》省澄城《チョンチョン》)とニワトリ(中国・山西《シャンシー》省晋南《ジンナン》)。
亡《な》くなった人が無事にあの世へ行けるよう
導《みちび》くと考えられている。

下—北青獅子舞《ブクチョンサジャノリ》(韓国)。もともと朝鮮民主主義人民共和国(北朝鮮)の
咸鏡南道《ハムギョンナムド》の北青《ブクチョン》地方の伝統的《でんとうてき》な行事だった。旧正月《きゅうしょうがつ》に家々を回って踊《おど》る。
悪霊《あくりょう》を退散《たいさん》させ、村々に平安をもたらすと信じられている。

お供《そな》えの文化

　願いごとがかなうよう、お供《そな》えものをすることも世界各地で行われてきました。ここでは、麦作地帯ならではの小麦を使ったお供《そな》えなどをみてみましょう。

　中国北部では、小麦粉をこねて作ったヒツジや人形を、結婚《けっこん》相手やその家に贈《おく》るならわしがあります。ヒツジは古くから富《とみ》やめでたさのシンボルとされてきました。人形は男女それぞれの神をかたどったもので、夫婦《ふうふ》が幸福になるようにとの願いがこめられています。

　トラをかたどった小麦粉細工もあります。44ページでもみたように、トラは特別な力をもつと信じられ、子どもの誕生《たんじょう》や結婚式《けっこんしき》などを祝って作ります。これも中国北部に伝わるものです。

　この地域《ちいき》では切り紙細工も有名です。神や動物を表《ひょう》現《げん》した切り紙を窓《まど》などに貼《は》り、子どもが授《さず》かるよう祈《いの》ったり、身の安全を願ったりするのです。

　一見、お供《そな》えとは分からないようなものもあります。北京《ペキン》市の寺院・東嶽廟《ドンユエミャオ》には、たくさんのひもが供《そな》えられます。縁起《えんぎ》が良いとされる独特《どくとく》のひもで、さまざまな願いがこめられます。

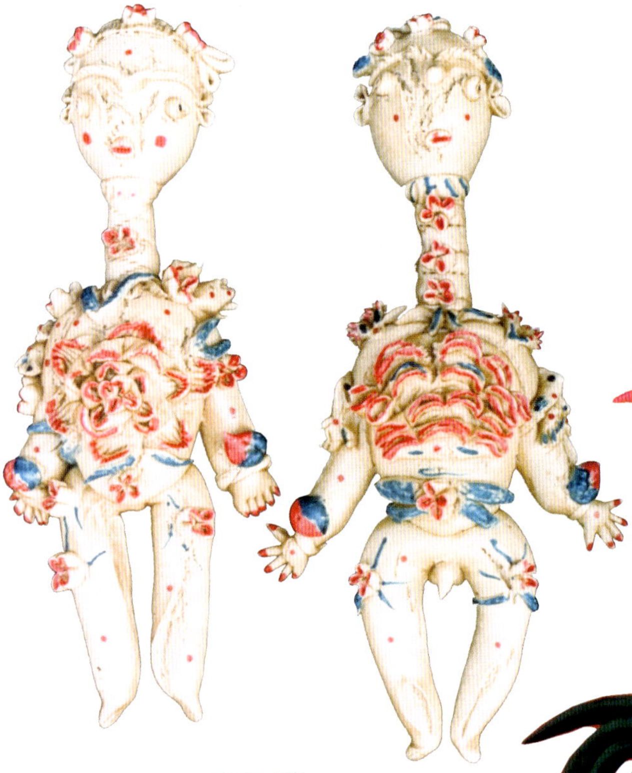

上―小麦粉の人形（中国・陝西《シャンシー》省府谷《フーグー》）。
結婚式《けっこんしき》のときに、男性《だんせい》から女性《じょせい》に贈《おく》るならわしがある。
また旧暦《きゅうれき》の7月中旬《ちゅうじゅん》にも鬼《おに》に供《そな》え、悪さをしないようお願いする。
右―小麦粉のトラ（中国・山西《シャンシー》省晋南《ジンナン》）。
おもにお供《そな》えとして、見て楽しむためのものだが、食べることができるものもある。

上—切り紙(中国・陝西《シャンシー》省 旬邑《シュンイー》)。
これは村の巫女《ふじょ》の家に飾《かざ》られたものだ。
巫女《ふじょ》は神と交流できると信じられており、
村人が病気のときなどに
祈《いの》ってもらうためや、また家庭の悩《なや》み相談に訪《おとず》れる。

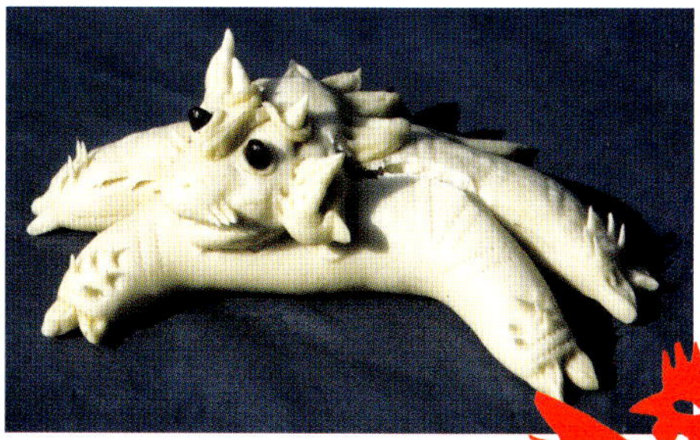

上—小麦粉のヒツジ(中国・山西《シャンシー》省 定襄《ディンシャン》)。
結婚《けっこん》した男性《だんせい》から、女性《じょせい》の家に贈《おく》られる。
これはヒツジが古くから、
神に捧《ささ》げるいけにえとして用いられてきた
ことの名残りとも考えられている。

右—切り紙(中国・甘粛《ガンスー》省)。旧正月《きゅうしょうがつ》の期間の
1月下旬《げじゅん》から2月に家の中に飾《かざ》られる。
まん中に表現《ひょうげん》されている女性《じょせい》は、
子孫繁栄《しそんはんえい》の神様だ。

下—東嶽廟《ドンユエミャオ》に供《そな》えられたひも(中国・北京《ペキン》市)。
まん中の道の両側に、大量につるされている。
縁起《えんぎ》が良いとされる独特《どくとく》の結び方がされており、
これを供《そな》えてさまざまな願いがかなうよう祈《いの》る。
この寺院は700年ほど前に建てられ、
庶民《しょみん》の願いをかなえる神々がまつられている。
ちょうど東京・浅草《あさくさ》の浅草寺《せんそうじ》のようなところだ。
子宝《こだから》を授《さず》けてくれる神様がとくに人気を集めている。

おわりに──持続できる社会をめざして

「精耕細作《ジンゲンシーズオ》」がつくり出した景観

中国の農業研究者たちは、北中国畑作地帯の農業の特色を語るときに、しばしば「精耕細作《ジンゲンシーズオ》」という言葉を用います。精耕《ジンゲン》も細作《シーズオ》も、どちらにも人の労働力を最大限に使って土地を耕し、作物栽培《さいばい》に専念《せんねん》するという意味があります。

中国の現在《げんざい》の人口は13億人と推定《すいてい》されておりますが、この人口が多いという中国の特色はいまも昔も変わりません。人口が多くて、それに見合った農地がじゅうぶんになければ、創意工夫《そういくふう》によってその利用率《りようりつ》を高め、収穫《しゅうかく》を多くするよりほかありません。

一年のうち各種の作物を順番に栽培《さいばい》する「輪作《りんさく》」、および作物と作物のあいだに別の作物を栽培《さいばい》する「間作《かんさく》」や「混作《こんさく》」、あるいは少しでも耕地《こうち》を確保《かくほ》しようとして黄土《ホワントゥー》山地に開かれたみごとな段々畑《だんだんばたけ》、これらの努力はすべてこの地域《ちいき》を特色づける景観となっています。

水はだれのもの?

この巻《かん》では乾燥《かんそう》地帯の風土を扱《あつか》ってきました。そのような自然環境《かんきょう》のなかでいちばん大きな問題は「水」です。地図を見ると、中国大陸を流れている河川の多く、たとえば黄河《ホワンホー》、淮河《ホワイホー》、長江《チャンジャン》は中国領内《りょうない》を西から東へと流れています。しかし、瀾滄江《ランツァンジャン》や怒江《ヌージャン》は北から南へと流れ、下流は東南アジアの諸国《しょこく》です。

大河は水量が豊《ゆた》かであっても河谷《かこく》が深いので、そばに住む人々は、たやすくその水を農業などに利用することはできません。利用できるようにするには、強い国の権力《けんりょく》による大規模《だいきぼ》な土木工事が必要となってきます。

水の問題を一国内だけで解決《かいけつ》できればよいのですが、複数《ふくすう》の国々にまたがって流れている河川の場合、問題はさらに深刻《しんこく》となります。上流の国がダムを建設《けんせつ》し、農業灌漑《かんがい》などに大量の水を使用すると、下流の国々の人々はとても迷惑《めいわく》します。地域《ちいき》の小規模《しょうきぼ》な水利灌漑《かんがい》でさえも、水主、地主、利用者のあいだで水の使用をめぐる約束があります。国際間規模《こくさいかんきぼ》でもそうした取り決めは必要です。

使いまわすということ

いまからおよそ100年前に、アメリカの土壌《どじょう》学者フランクリン・キング(1848～1911年)という人が日本、朝鮮、中国の農業視察《しさつ》にやって来ました。当時、彼《かれ》は自国の農業が機械化、化学化などによって工業的農業に大きく様変わりし、このままだと自国の農業は持続できないのではないかと心配したからです。

彼《かれ》はこれらの地域《ちいき》の農村を視察《しさつ》して、川と灌漑《かんがい》による水のたくみな利用、家庭のごみ・糞尿《ふんにょう》・川の泥《どろ》・山野の草木などが徹底的《てっていてき》に使いまわされていることに強い感銘《かんめい》を受けました。「そこに四千年の農民の知恵《ちえ》を見た」と彼《かれ》は語っています。キングの体験は今日においても、わたしたちに多くのことを示唆《しさ》しています。

指導者・保護者のみなさまへ—あとがきにかえて

●消えゆく伝統農具

中国北京《ペキン》市街の東北に中国農業展覧館があります。農産物はもとより各種の工業製品の見本市がよくここで開催されます。またこの展覧館のとなりに中国農業博物館とその研究所が併設されています。私はこの研究所の外部研究員をつとめています。

2004年の春、この農業博物館で所蔵されている農具の調査を行っていた時のことです。民俗文物研究室の賈文忠《ジャーウェンジョン》主任が「呂家栄《リュイジャーロン》村の民具回収センターへいっしょに行きませんか」と誘ってくれました。賈さんの家は清王朝以来、代々青銅器などの古文物の修復を専門としてきました。そのため骨董商《こっとうしょう》との付き合いも多いのです。

呂家栄村は北京市街東南のはずれにあり、塀囲いの中に200店舗ほどの骨董店や家具などの修理工房があります。そこには大小のトラックがつぎつぎと到着し、ガラクタのような家具や農具、それにレリーフのある墓石まで、ともかくも修理してインテリアとして使えそうな物はなんでも下ろしていました。作業をしている人々にどこから運んでくるのかとたずねたところ、異口同音に「晋南《ジンナン》から」という答えが返ってきました。晋南とは山西《シャンシー》省南部を指します。

これほどたくさんの農具類が搬入されているのには、山西省の農村地帯で何かが起こっているにちがいないと、私は考えました。これがきっかけとなって、山西地方の農具調査を実施するようになったのです。

●黄土《ホワントゥー》台地に生きる人々

調査は2005年の10月から11月にかけて行いました。北中国の乾燥地帯の農村めぐりは、かつて山東《シャンドン》省でも経験していましたが、きびしい自然環境の黄土台地での調査ははじめてのことでした。

そのむかし山西省は農耕民と遊牧民とが相接する地域でしたので、北部に紀元前3～2世紀ころに築かれた万里の長城の一部が残っています。そのためか農業のできそうにもない原野では羊を放牧していました。そうした所にも集落を押しのけて高速道路網が着々と建設されておりました。

一方、開発から取り残された西部の荒涼《こうりょう》とした呂梁《リュイリャン》黄土山地の村では、人々は牛1頭で引くスキとマグワを使い段々畑を耕作し、「精耕細作《ジンゲンシーズオ》」の原則を守って暮らしておりました。

この調査に私がたずさえていった参考書は、東部地方寿陽《ショウヤン》県出身の祁寯藻《チージュンザオ》(1793～1866年)が著した農書『馬首農言《マーショウノンイェン》』(1836年完成)でした。これによると、かつてはじつに多くの品種のアワや麦類が栽培されておりました。

しかし現在、夏作物は政府の指示によりアワに代わってトウモロコシが主となっており、政府はそれと小麦粉やコメとを一定の比率で交換するのです。ここでも雲南《ユンナン》のコメと同様にアワの在来品種は忘れ去られつつあります。

中国・北京《ペキン》市郊外の民具回収センターで見た運搬具「大車《ダーチョ》」。センターにはこのように役目を終えた道具がひっきりなしに運び込まれる。この大車は海外のバイヤーなどが買い付け、商店のインテリアとして使用される。

中国・呂梁《リュイリャン》山地で見た耕作のようす。スキで起こした土を、写真のように牛にひかせたマグワで細かく砕いてゆく。こうした伝統的な農耕のやり方も、開発によって徐々に失われつつある。

中国・黄土《ホワントゥー》高原で数千年前からつくられてきた住居・窰洞《ヤオドン》。黄土の崖に横穴を掘ったり、地面を掘り下げたりした住まいだ。この伝統的な住居を活用し、海外からの観光客を宿泊させるといった動きもさかんになってきている。

●フランスの農村で考えたこと

ヨーロッパに出かけてみると、比較の観点から、アジアの風土や自然環境がよく理解できます。著名な哲学者和辻哲郎《わつじてつろう》(1889～1960年)は、ドイツに滞在しているときに一種の比較文明論である『風土―人間的考察―』の執筆を考えつきました。私自身もフランスの友人の案内でロアール川下流域のナント、北部のノルマンジー、それにチーズ造りで有名な中部のブリ地方の農村探訪をしたことがあります。この経験を通して、フランスの農業は牧畜との組み合わせで成り立っているのだということが、よく理解できました。

そして、もうひとつ教えられたことがあります。どの農村にもアソスィアスィオンとよばれる自治会があって、自分たちの過去の生活遺産である衣食住にかかわる民具や生産工具などを大切に保存し、それらを展示する資料館を自主的に運営していたことです。また外部の人々がそのような資料館をゆっくりと見学し、農村生活をも体験できるように民宿まで用意されておりました。さらに、フランス農業博物館協会からそれらを網羅した充実したガイドブックまで刊行されているのです。この国の農業は政府からかなり手厚い支援を受けているのは事実ですが、人々が自信に満ちて悠々自適《ゆうゆうじてき》している姿に深い感銘をおぼえました。

この巻も第1巻と同様に編集者の渡邊航《わたなべこう》、眞島建吉《まじまけんきち》両氏との共同作業を通して完成いたしました。今回は図版の選定に苦労し、多くの方々や関係機関の協力をいただき、ようやく刊行にこぎつけることができました。この紙面をかりて厚くお礼申し上げます。

2巻さくいん

［監修者］
クリスチャン・ダニエルス（Christian Daniels）
東京外国語大学アジア・アフリカ言語文化研究所教授
1953年、フィジー生まれ。オーストラリア人。東京大学大学院人文科学研究科博士課程修了。博士（文学）。専門は中国西南部と東南アジア大陸部北部の歴史。おもな著者・編書に、『雲南物質文化－生活技術巻』（雲南教育出版社、2000）、『四川の伝統文化と生活技術』（慶友社、2003）『貴州苗族林業契約文書匯編（一七三六～一九五〇年）』（全3巻、東京大学出版会、2005、『中国雲南耿馬傣文古籍編目』（雲南民族出版社、2005）『中国雲南少数民族生態関連碑文集』（総合地球環境学研究所、2008）『論集モンスーンアジアの生態史　第2巻　地域の生態史』（弘文堂、2008）など。

［著者］
渡部 武（わたべ・たけし）
前東海大学文学部教授
1943年、東京都生まれ。専門は中国文化史。
早稲田大学大学院文学研究科博士課程修了。同大学院での研究と並行して、民俗学者・宮本常一（1907～1981年）に師事した。わが国における中国の社会史・農業史研究の第一人者であり、出土文物と文献資料、そして広汎なフィールドワークをもとに、当時の暮らしぶりや農業技術の変遷を解明し続けている。おもな著書に『画像が語る中国の古代』（平凡社、1991）、『西南中国伝統生産工具図録――東京外国語大学アジア・アフリカ言語文化研究所 歴史・民俗叢書（アジア文化叢書）』（慶友社、2000）『雲南少数民族伝統生産工具図録――東京外国語大学アジア・アフリカ言語文化研究所 歴史・民俗叢書（アジア文化叢書）』（慶友社、1996）などがある。

企画・編集――眞島建吉（葫蘆舎）／渡邊 航（小峰書店）
ブックデザイン――佐藤篤司
協力――大村次郷
図版――有限会社ジェイ・マップ（白砂昭義）

［写真協力（敬称略、順不同）］渡部武／大村次郷／仙石エミ／酪農学園大学農食環境学群　循環農学類　作物学研究室　義平大樹／株式会社フォト・オリジナル／農研機構　作物研究所　小柳敦史／国営昭和記念公園／北海道石狩振興局産業振興部調整課／一般社団法人日本雑穀協会／独立行政法人農業・食品産業技術総合研究機構　中央農業総合研究センター　生産体系研究領域長兼研究支援センター長　渡邊好昭／独立行政法人農業・食品産業技術総合研究機構　作物研究所　麦研究領域　上席研究員　柳澤貴司／田中章／韓国観光公社／大田区立郷土博物館／城崎温泉観光協会／中国国家観光局／台湾観光協会／漢聲雑誌社／千葉県立房総のむら／総合病院国保旭中央病院／杉原寛大／眞島建吉／渡邊航

［参考文献］渡部武『画像が語る中国の古代』（平凡社）／石声漢著・渡部武訳『中国農書が語る2100年　中国古代農書紹介』（思索社）／佐藤洋一郎・加藤鎌司編著『麦の自然史　人と自然が育んだムギ農耕』（北海道大学出版会）／F.H.キング著、杉本俊朗訳『東アジア四千年の永続農業〈中国・朝鮮・日本〉』上下（農山漁村文化協会）／岡田哲『コムギ粉の食文化史』（朝倉書店）／日清製粉株式会社編『小麦粉博物誌』1、2（文化出版局）／周達生『中国の食文化』（創元社）／中山時子・陳舜臣監修『新中国料理大全　北京料理』（小学館）／竹内実・羅漾明『中国生活誌　黄土高原の衣食住』（大修館書店）／篠田統『中国食物史』（柴田書店）／周達生『東アジアの食文化探検』（三省堂選書）／姜仁姫著・玄順恵訳『韓国食生活史　原始から現代まで』（藤原書店）／黄慧性・石毛直道『【新版】韓国の食』（平凡社）／窰洞考察団『生きている地下住居　中国の黄土高原に暮らす四〇〇〇万人』（彰国社）／岡田哲『ラーメンの誕生』（ちくま新書）／八田靖史著・佐野良一監修『魅力探求！韓国料理』（小学館）／長尾精一編『シリーズ〈食品の科学〉小麦の科学』（朝倉書店）／鈴木公治『科学のアルバム　ムギの一生』（あかね書房）／高井潔『北京　古い建てもの見て歩き』（ダイヤモンド社）／張競『中華料理の文化史』／その他、学術論文など多数

アジアの自然と文化 ②
小麦からみる東アジア
畑作地帯に生きる知恵［中国北部・朝鮮半島］

NDC290　51P　29×22cm
ISBN978-4-338-27302-2
2012年4月5日　第1刷発行

監修者――クリスチャン・ダニエルス
著者――渡部　武
発行者――小峰紀雄
発行所――株式会社 小峰書店　〒162-0066 東京都新宿区市谷台町4-15
電話――03-3357-3521　FAX　03-3357-1027
HP　http://www.komineshoten.co.jp/
印刷――株式会社 三秀舎　製本――小髙製本工業株式会社

東アジアの行政《ぎょうせい》区分

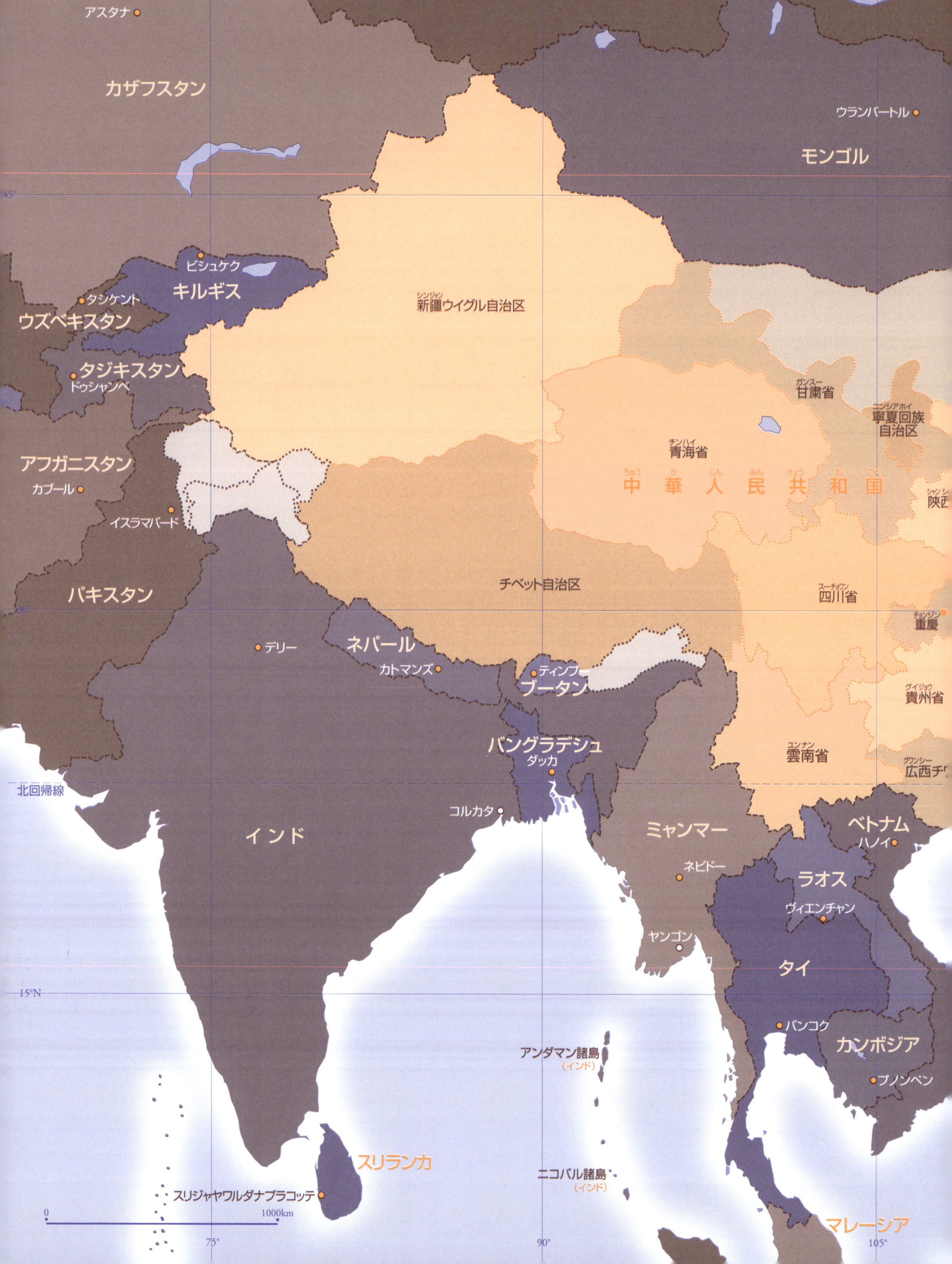